# EAU CODE

# DU CHASSEUR

COMMENTAIRE ANALYTIQUE DES LOIS,
ORDONNANCES ET CIRCULAIRES MINISTÉRIELLES
Y COMPRIS

**LA LOI DU 24 JANVIER 1874**

QUI VIENT DE MODIFIER CELLE DU 3 MAI 1844

## SUR LA POLICE DE LA CHASSE

ET RESUMÉ
de la jurisprudence qui régit l'exercice de la chasse,
la responsabilité des propriétaires des bois et forêts.
pour les dommages causés
aux cultures par les lapins et le gros gibier.

**Par Charles VIEL, avocat**

**Prix : 1 fr. 50 cent.**

PARIS

DENTU, ÉDITEUR

17, GALERIE D'ORLÉANS, 17

# NOUVEAU CODE DU CHASSEUR

COMMENTAIRE ANALYTIQUE DES LOIS, ORDONNANCES ET CIRCULAIRES MINISTÉRIELLES Y COMPRIS

**LA LOI DU 24 JANVIER 1874**

QUI VIENT DE MODIFIER CELLE DU 3 MAI 1844

## SUR LA POLICE DE LA CHASSE

ET RESUMÉ
de la jurisprudence qui régit l'exercice de la chasse,
responsabilité des propriétaires des bois et forêts,
pour les dommages causés
aux cultures par les lapins et le gros gibier.

**Par Charles VIEL, avocat**

**Prix : 1 fr. 50 cent.**

PARIS
DENTU, ÉDITEUR
17, GALERIE D'ORLÉANS, 17

F. AUREAU. — Imprimerie de Lagny.

## NOTE DE L'EDITEUR

*Le nouveau Code de la chasse* que nous publions aujourd'hui a été écrit par l'auteur d'un petit livre intitulé *la Loi sur la chasse expliquée aux chasseurs, aux gardes-champêtres et aux agriculteurs*, qui fut accueilli très-favorablement il y a douze ans.

Nous nous bornerons à rappeler les principales appréciations dont ce premier travail de M. Viel a été l'objet.

Le *Journal des Chasseurs* du 15 août 1862 lui consacrait un article spécial dont nous extrayons les lignes suivantes :

**Journal des Chasseurs. (15 août 1862)**

EXTRAIT.

L'auteur a puisé aux meilleures sources de la jurisprudence et de la réglementation administrative; son ouvrage est donc le *Guide le plus pratique* que puissent consulter tous ceux qui, comme chasseurs ou comme chargés de faire respecter la loi, sont intéressés à la bien connaître. »

Le *Bulletin officiel* du ministère de l'intérieur le recommandait en ces termes :

BULLETIN OFFICIEL

DU

MINISTÈRE DE L'INTÉRIEUR

—

1862. — N. 9.

**Bibliothèques administratives**

(EXTRAIT.)

Cet ouvrage est un guide pratique que consulteront utilement les fonctionnaires chargés de faire exécuter la loi et tous ceux qui, comme chasseurs, ont intérêt à la bien connaître. L'auteur s'est appliqué en outre à faire ressortir les avantages des dispositions prises dans le but de protéger les oiseaux insectivores.

*L'Administration du Département de l'Intérieur ne peut que recommander ce travail qui a été également honoré du suffrage de son Excellence le Ministre de l'Agriculture, du Commerce et des Travaux publics.*

Nous citerons enfin l'appréciation du directeur de la *Jurisprudence générale* :

## JURISPRUDENCE GÉNÉRALE

**Recueil périodique par M. Dalloz**

(EXTRAIT.)

*Vade-mecum* de tous les chasseurs, il a .rrêté plus d'une imprudence, empêché ılus d'un délit, protégé contre la corruption plus d'un garde-champêtre. Le petit 'olume de M. Ch. Viel est de la famille des ›ublications dont nous parlons.

M. Ch. Viel insiste particulièrement sur e paragraphe de la loi qui protége les ›iseaux utiles à l'agriculture,

*Signé :* Ed. Dalloz.

Depuis lors, l'auteur du manuel que nous 'enons de citer n'a pas cessé de s'occuper le toutes les questions relatives à l'application de la loi sur la police de la chasse et ıous pouvons le féliciter d'avoir été le pronoteur de l'excellente loi que vient de voter 'Assemblée nationale pour restituer aux ›réfets le droit de limiter l'exercice de la :hasse exceptionnelle des oiseaux de passage, dans l'intérêt de la conservation des ›iseaux utiles à l'agriculture.

La doctrine de la loi nouvelle a en effet

été soutenue avec une profonde conviction par M. Viel dans les deux numéros du *Journal des chasseurs*, du 30 juin et du 15 juillet 1868.

Ces articles ont ce mérite particulier, de constituer le commentaire anticipé d'une loi intervenue cinq années après leur publication.

Ils trouveront leur place à la suite des dispositions que la loi vient d'édicter.

# UN MOT A MES LECTEURS

Chers lecteurs, le livre que je vous offre aujourd'hui est le résultat de l'expérience que j'ai pu acquérir par *trente-trois années* comme *Rédacteur* au ministère de l'intérieur, qui a dans ses attributions la haute surveillance de la police de la chasse.

J'ai l'espoir que ce travail ne sera pas au-dessous de ses aînés, qui s'étaient concilié les encouragements d'hommes éminents, parmi lesquels je citerai, avec un légitime orgueil, S. Ém. le cardinal Donnet, feu Mgr Darboy, le maréchal Vaillant, leurs Éminences les cardinaux Donnet et Gousset et MM. Ed. Dalloz et Charles Godde auxquels je suis heureux de témoigner ici toute ma sincère gratitude.

CHARLES VIEL.

1er février 1874.

# LA LOI

SUR

# LA CHASSE

## TITRE PREMIER

### EXPLICATION DE LA LOI DU 3 MAI 1844, SUR LA POLICE DE LA CHASSE

MODIFIÉE PAR LA LOI DU 24 JANVIER 1874.

---

### SECTION PREMIÈRE. — DE L'EXERCICE DU DROIT DE CHASSE

#### ARTICLE PREMIER.

Nul ne pourra chasser, *sauf les exceptions ci-après*, si la *chasse* n'est pas *ouverte*, et s'il ne lui a pas été délivré un *permis de chasse* par l'autorité compétente.

Nul n'aura la faculté de chasser sur la propriété d'autrui sans le consentement du propriétaire ou de ses ayants droit.

— Deux conditions sont donc essentielles pour se livrer à l'exercice de la chasse. 1° Il faut que la chasse soit *ouverte*, 2° le chasseur doit être muni d'un *permis*, quels que soient le *mode*, la *nature* et le *but* de la chasse; c'est-à-dire qu'elle ait lieu à tir, à courre, avec des engins, filets ou appeaux *autorisés*; dans un but industriel, scientifique ou de simple plaisir et que son objet soit le gibier ordinaire (gibier de bois, gibier de plaine, gibier d'eau) ou d'oisellerie seulement.

L'autorisation que donnerait le préfet de chasser sans permis constituerait donc une violation formelle de la loi, ainsi que l'a décidé la Cour de Cassation. (Arrêt du 18 avril 1845.)

Si tout chasseur doit être muni d'un permis, la jurisprudence a établi que cette règle ne s'applique pas aux simples auxiliaires des chasses, soit ordinaires, soit à l'aide des procédés dûment autorisés, qui exigent le concours de plusieurs personnes (Cour de cassation 1845); mais les auxiliaires doivent se renfermer rigoureusement dans les conditions de ce concours et notamment n'être pas porteurs d'armes à feu.

La quittance du prix du permis délivrée par le percepteur ne peut en aucune manière tenir lieu du permis. (*Circulaire du ministre de l'intérieur, du* 30 *juillet* 1849).

Le chasseur qui a perdu son permis, ne doit se livrer à l'exercice de la chasse qu'après en avoir obtenu un second et en avoir acquitté le prix.

Le remboursement du droit de permis ne peut avoir lieu que dans *un seul cas*, celui où le permis aura été refusé par l'autorité, en conformité des exclusions établies par la loi.

Pour obtenir le permis de chasse, il faut : 1° verser 25 francs à la caisse du percepteur *de sa commune* ; 2° dresser une demande sur papier timbré, adressée au préfet ; 3° remettre cette demande au maire en y joignant la quittance du percepteur.

Le maire aura ensuite à transmettre au sous-préfet cette demande *avec son avis*, et le sous-préfet signera, s'il y a lieu, le permis *pour le préfet et par autorisation*. (*Circulaire du ministre de l'intérieur, du* 12 *juillet* 1860).

La date du permis devra être celle du jour de son envoi à sa destination.

Aux termes de l'article 5 de la présente loi la durée du permis a été fixée à un an ; on priverait donc le chasseur d'une portion du droit de chasse qu'il a payé, en donnant au permis la date du jour où il a été confectionné et en le faisant tenir à son destinataire plusieurs jours après qu'il aurait été signé par le préfet ou le sous-préfet, attendu qu'aux termes d'un arrêt de la cour de cassation du 4 mars 1847, le permis n'est valable que du jour indiqué sur le permis même. C'est-à-dire que lorsque cette date est par exemple le 1er janvier 1873, le porteur du permis pourra s'en servir jusqu'au 2 janvier 1874 exclusivement. Le jour de la délivrance du permis ne doit pas, en effet, être compris dans la durée de la jouissance.

### Art. 2.

Le propriétaire ou possesseur peut chasser ou faire chasser en tout temps, sans permis de chasse dans ses possessions attenant à une habitation et entourées d'une clôture continue faisant obstacle à toute communication avec les héritages voisins.

— La conservation du gibier a motivé la restriction apportée par cet article au droit que la loi de 1790 conférait au propriétaire de chasser en tout temps dans ses bois, et dans celles de ses possessions qui étaient séparées des héritages voisins par des murs ou des haies vives, lors même qu'elles étaient éloignées de son habitation.

La faculté accordée par cet article est donc soumise à deux conditions :

1o Il faut que la possession dans laquelle on chasse soit *attenante à l'habitation.*

2o Il faut que cette possession soit entourée d'une *clôture continue faisant obstacle à toute communication avec les héritages voisins.*

On a envisagé ici l'inviolabilité du domicile d'une part et la nécessité d'établir une clôture qui ne puisse pas permettre au gibier extérieur de pénétrer dans la possession dont parle notre article.

Dès que la clôture *fait obstacle à toute communication* avec les héritages voisins, le but de la loi est rempli et il importe peu que cette clôture soit un mur ou une haie (voir dans ce sens un jugement du tribunal de Marseille du 17 septembre 1844).

L'*habitation* doit s'entendre d'une construction sinon constamment habitée, du moins destinée à l'être à certaines époques de l'année, par la famille du propriétaire, ou possesseur.

Une simple cabane ne serait pas considérée comme une habitation dans le sens de notre article, ainsi jugé par le tribunal de Carpentras, le 27 décembre 1866.

## Art. 3 (*ancien*).

Les préfets détermineront, par des arrêtés publiés *au moins dix jours à l'avance*, l'époque de l'ouverture et celle de la clotûre de la chasse dans chaque département.

Cet article vient d'être modifié comme il suit par la loi du 24 janvier 1874.

ART. 3 (*nouveau*).

Les Préfets détermineront, par des arrêtés publiés au moins dix jours à l'avance, *les époques des ouvertures et celles des clôtures des chasses, soit à tir, soit à courre, à cor et à cris*, dans chaque département.

— En rapprochant la rédaction de cet article du texte de l'ancien article 3, on constate que la loi nouvelle a substitué aux mots *l'époque de l'ouverture et de la clôture de la chasse* — ceux-ci : « *Les époques des ouvertures et des clôtures des chasses, soit à tir, soit à courre, à cor et à cris.* »

Cette modification constitue pour les préfets une extension de pouvoirs qui leur avait été contesté avec raison par un arrêt de la Cour de Cassation du 16 mars 1872, refusant de reconnaître la légalité d'un arrêté préfectoral, qui autorisait l'exercice de la chasse *à courre, à cor et à cris*, en même temps qu'il prohibait l'exercice de la chasse à tir. Cet arrêté préfectoral constituait évidemment une illégalité devant les termes de l'ancien article 9; l'arrêt précité l'a fort bien démontré.

Aujourd'hui les préfets peuvent donc déterminer des époques différentes pour l'exercice des deux natures de chasses *soit à tir soit à courre*, ou bien les autoriser simultanément. Ils pourront, par suite, ne prononcer que la clôture de la chasse à tir, en laissant la chasse à courre ouverte pendant le temps qui sera jugé nécessaire, en tenant compte des habitudes de chaque département.

Bien que l'ouverture de la chasse soit prononcée, son exercice pourra en être suspendu dans les vignes par un arrêté du maire, pris en vertu de la loi du 28 septembre 1791, sur la police rurale, qui permet à ces magistrats de prendre les mesures nécessaires pour assurer la sûreté et la tranquillité des campagnes et la conservation des biens de la terre. Celui qui contreviendrait à l'arrêté du maire commettrait une contravention de la compétence des tribunaux de simple police et non pas un délit de chasse, à moins qu'en chassant dans les vignes, contrairement à l'arrêté municipal, il ait en même temps envahi le terrain d'autrui sans l'autorisation du propriétaire; dans ce cas, le chasseur tombe sous l'application de l'article 11 de notre loi.

L'article 3 attribue aux préfets le soin de déterminer les époques d'ouverture et de clôture de la chasse; toutefois l'administration supérieure a cru devoir intervenir, à titre consultatif, en ce qui concerne la détermination de ces époques. En voici le motif : Beaucoup de chasseurs et d'agriculteurs s'étaient plaint de ce qu'en ouvrant la chasse *prématurément* dans leur département, l'arrêté préfectoral attirait dans ce département les chasseurs des départements voisins, où la chasse n'était pas encore ouverte. Cette agglomération de chasseurs sur un même point causait des dommages fréquents à leurs récoltes et leur enlevait en quelques jours tout le gibier de leur cantons.

Ces plaintes ayant été trouvées fondées, le ministre de l'intérieur, dans une circulaire de 1863, engagea tous les préfets à se concerter chaque année pour arriver à ne former que trois zones d'ouverture des chasses générales. L'époque d'ouverture dans chacune de ces zones se trouvait ensuite déterminée par la pluralité des suffrages attribués à cette date d'ouverture par les préfets d'une même zone.

Ce système pratiqué depuis 1863 n'a été l'objet d'aucune réclamation; il n'a pu contrarier que les braconniers de profession qui ne manquaient pas, précédemment, d'exploiter les ouvertures échelonnées à des dates éloignées les unes des autres, en dépeuplant à l'aide d'engins spéciaux, les cantons où la chasse était encore fermée; et en transportant le gibier ainsi capturé dans le département voisin, où l'ouverture de la chasse, prononcée prématurément, leur permettait de vendre et colporter leurs marchandises sans aucun obstacle.

L'arrêté du préfet qui fixe l'ouverture de la chasse peut être rapporté par un arrêté postérieur qui fixe l'ouverture à un autre jour que le premier arrêté, pourvu que les habitants ne soient pas encore en jouissance effective du droit que doit conférer ledit arrêté. (*Arrêt de la Cour de Cassation, du* 10 *décembre* 1860.)

ART. 4

Dans chaque département il est interdit de mettre en vente, de vendre, d'acheter, de transporter de colporter du gibier pendant le temps où la chasse n'y est pas permise.

En cas d'infraction à cette disposition, le gibier sera saisi et immédiatement livré à l'établissement de bienfaisance le plus voisin, en vertu, soit d'une ordonnance du juge de paix, si la saisie a eu lieu au chef-lieu de canton; soit d'une autorisation du maire, si le juge de paix est absent, ou si la saisie a été faite dans une commune autre que celle du chef-lieu. Cette ordonnance ou cette autorisation sera délivrée sur la requête des agents ou gardes qui auront opéré la saisie et sur la présentation du procès-verbal régulièrement dressé.

La recherche du gibier ne pourra être

faite à domicile que chez les aubergistes, chez les marchands de comestibles et dans les lieux ouverts au public.

Il est interdit de prendre ou de détruire, sur le terrain d'autrui, des œufs et des couvées de faisans, de perdrix et de cailles.

— On comprend facilement que, si le commerce du gibier était permis, quoique la chasse fût interdite, il en résulterait un privilége pour le braconnier seulement; car il pourrait impunément écouler le produit illicite de sa chasse. Cette interdiction de vendre, acheter ou colporter le gibier atteint également le propriétaire qui use de la faculté de chasser en tout temps sur son héritage (Art. 2); s'il en était autrement, ce serait donner un moyen facile à d'autres d'éluder la loi.

Nous devons faire remarquer que cette prohibition est limitée au gibier proprement dit; elle ne s'étend pas aux animaux nuisibles et malfaisants qui ne sont point mangeables. (*Arrêt de la Cour de Cassation, du* 23 *juillet* 1858.) — Elle ne s'étend pas non plus au *temps de neige*; elle n'existe que pendant la clôture proprement dite et générale de la chasse.

La Cour de Paris a décidé que l'interdiction de transporter le gibier en temps prohibé est absolue et comprend tous les départements de la ligne parcourue. Il est en effet évident que, si l'on exceptait de la prohibition les départements intermédiaires entre ceux de l'expédition et de la destination du gibier, ce serait enlever à la loi son efficacité en facilitant la fraude ; il n'y a, en conséquence, nulle distinction à faire entre le transit et le transport.

Toutefois, afin de concilier les intérêts du commerce avec les exigences de la loi, l'administration accorde des autorisations pour le transport du gibier vivant lorsqu'il est destiné à la reproduction. Ces permis de transport, en temps prohibé, sont délivrés par les préfets des départements autres que celui de la Seine. Dans ce dernier, c'est le préfet de police qui décide s'il y a lieu d'accorder les autorisations demandées. — Pour les transports de département à département, c'est au ministre de l'intérieur qu'il appartient de prononcer.

C'est également dans le double intérêt du commerce et de la conservation de notre propre gibier que l'administration supérieure a autorisé l'importation, la vente et le colportage du gibier exotique qui n'a point son similaire en France. Les autorisations concédées à ce sujet par le département de l'intérieur ont été précédées d'un avis favorable des professeurs du Muséum et du ministre de la justice. — Elles ont un caractère général et permanent et s'appliquent aux espèces suivantes : le grand coq de bruyère, la gélinotte noire ou coq de bruyère à queue fourchue, la gélinotte blanche ou logapède des saules et la gélinotte cupido.

La loi, en interdisant de vendre, d'acheter et de transporter du gibier pendant le temps où la chasse n'est pas permise, n'a pas fait de distinction. On pourrait donc penser que celui qui vend ou achète un pâté de gibier tombe sous l'application de l'article 12 de la loi. Mais un arrêt de cassation du 21 décembre 1844 a décidé qu'il n'y avait pas de délit dans l'acte d'acheter ou de vendre des conserves ou des salaisons de gibier, par cette raison que le gibier avait pu être tué pendant l'ouverture de la chasse.

La question de fait domine évidemment la solution qui doit intervenir dans les cas différents qui peuvent se produire, et nous pensons que le marchand qui serait signalé comme usant du procédé consistant à recouvrir d'une croûte de pâte du gibier *tué récemment*, alors que la chasse est close depuis plusieurs semaines, s'exposerait à être poursuivi et condamné, tandis que l'acheteur, qu'une étiquette n'aurait certainement pas averti que le contenu du pâté était du gibier frais, se trouverait parfaitement fondé à invoquer sa bonne foi et serait indubitablement renvoyé sans amende ni dépens, si, toutefois, l'agent de la loi avait cru devoir verbaliser contre lui.

Ainsi que nous le disions plus haut, la loi, en interdisant le commerce du gibier pendant la clôture de la chasse, a voulu atteindre les produits du braconnage. C'est aussi pourquoi l'article 4 autorise la recherche du gibier chez les marchands de comestibles, chez les aubergistes, et dans les lieux ouverts au public.

C'est en effet chez les aubergistes, les marchands de comestibles et les restaurateurs ou marchands de vins, que les braconniers trouvent à écouler le produit de leurs déprédations, et, bien que la loi ne défende pas la simple détention du gibier, nous pensons que le marchand de comestible qui, sous prétexte qu'il est amateur d'oiseaux tels que faisans, perdrix et cailles, détiendrait ces oiseaux *dans son établissement*, pourrait être poursuivi et puni pour *mise en vente* de gibier pendant la fermeture de la chasse. Toutes les présomptions seraient en effet contre cette détention.

En cas d'infraction à la prescription du paragraphe premier de l'article 4, le gibier sera saisi et immédiatement livré à l'établissement de bienfaisance le plus voisin. Mais les agents ou gardes devront présenter préalablement un procès-verbal de saisie, régulièrement dressé, soit au juge de paix, soit au maire, selon les cas prévus par notre article, afin d'être munis d'une ordonnance ou autorisation de livrer le gibier à l'établissement de bienfaisance voisin.

Le législateur a jugé prudent d'entourer cette dépossession de précaution spéciales, pour en assurer la stricte légalité.

Le dernier paragraphe de l'article 4 défend

de *prendre* et de *détruire*, *sur le terrain d'autrui*, des œufs et des couvées de faisans, de perdrix et de cailles.

Cette disposition rend le délinquant passible d'une *peine correctionnelle*, qui peut varier de 16 à 200 francs. On a ainsi voulu empêcher une déprédation déplorable, qui se commettait impunément avant d'être atteinte par la loi. On ne saurait trop recommander aux agents de veiller à ce que cette sage prescription soit rigoureusement respectée.

La défense de détruire les nids et couvées des oiseaux utiles peut d'ailleurs être imposée d'une manière générale, ainsi que nous le verrons sous l'article 9 de la loi, et, dans ce cas, le propriétaire même devra s'abstenir de détruire ces espèces de nids ou couvées sur son propre héritage. Il en serait de même de son fermier ou ayant droit.

### Art. 5.

Les permis de chasse seront délivrés, sur l'avis du maire et du sous-préfet, par le préfet du département dans lequel celui qui en fera la demande aura sa résidence ou son domicile.

La délivrance des permis de chasse donnera lieu au paiement d'un droit de quinze francs (15 fr.) au profit de l'État, et dix francs (10 fr.) au profit de la commune dont le maire aura donné l'avis énoncé au paragraphe précédent.

Les permis de chasse seront personnels ; ils seront valables pour tout le royaume et pour un an seulement.

— Nous renvoyons simplement à nos explications de l'article 1er, en ce qui concerne les formalités à accomplir pour obtenir le permis.

Le décret du 13 avril 1861 sur la décentralisation a étendu aux sous-préfets la faculté de délivrer également les permis de chasse. Cette délégation d'un droit, réservé au préfet par le présent article, n'est point irréprochable au point de vue de la stricte légalité; toutefois l'irrégularité est atténuée par la célérité qu'elle apporte dans l'examen des demandes de permis.

### Art. 6.

Le préfet *pourra refuser* le permis de chasse :

1° A tout individu majeur qui ne sera point personnellement inscrit, ou dont le père ou la mère ne serait pas inscrit au rôle des contributions :

2° A tout individu qui, par une condamnation judiciaire, a été privé de l'un ou de plusieurs des droits énumérés dans l'article 42 du Code pénal, autres que le droit de port d'armes ;

3° A tout condamné à un emprisonnement de plus de six mois pour rébellion ou violence envers les agents de l'autorité publique ;

4° A tout condamné pour délit d'association illicite, de fabrication, débit, distribution de poudre, armes ou autres munitions de guerre ; de menaces écrites ou de menaces verbales avec ordre et sous conditions ; d'entraves à la circulation des grains ; de dévastations d'arbres ou de récoltes sur pied, de plants venus naturellement ou faits de main d'homme ;

5° A ceux qui ont été condamnés pour vagabondage, mendicité, vol, escroquerie ou abus de confiance.

La *faculté* de refuser le permis de chasse aux condamnés dont il est question dans les paragraphes 3, 4 et 5, cessera cinq ans après l'expiration de la peine.

— Il est bien évident que ceux qui demandent un permis ne sont pas astreints à justifier qu'ils ne se trouvent dans aucune des situations prévues par les paragraphes 2, 3, 4, 5. Non-seulement ce serait placer tous les citoyens sous une espèce de prévention blessante pour eux, mais encore ce serait exiger une justification souvent impossible, puisqu'il ne leur suffirait pas de s'adresser à l'autorité judiciaire de leur résidence pour en obtenir un certificat de non-condamnation.

L'obtention du permis de chasse est pour tous les citoyens *de droit commun;* des exceptions sont faites à ce droit dans un intérêt public; c'est donc à l'autorité qui veut appliquer l'exception à prouver le cas exceptionnel.

Remarquons que cet article donne au préfet le droit d'accorder ou de refuser le permis dans les cas qu'il prévoit, et qu'il limite ce droit en disant qu'il cessera *cinq ans après l'expiration de la peine subie* par les condamnés dont il est question dans les paragraphes 3, 4 et 5; il ne le limite donc pas en ce qui concerne les individus compris au paragraphe 2, et, pour ces derniers, le préfet restera juge de la suite qu'il conviendra de donner à leurs demandes de permis, sauf leur recours auprès du ministre de l'intérieur.

### Art. 7.

Le permis de chasse *ne sera pas délivré* :

1° Aux mineurs qui n'auront pas seize ans accomplis ;

2° Aux mineurs de seize à vingt et un ans, à moins que le permis ne soit demandé pour eux par leur père, mère, tuteur ou curateur, porté au rôle des contributions ;

3° Aux interdits ;

4° Aux gardes champêtres ou forestiers des communes et établissements publics, ainsi qu'aux gardes forestiers de l'État et aux gardes-pêche.

— Remarquons tout d'abord que, dans les cas prévus par l'article 6, le préfet a *la faculté* de refuser le permis, tandis qu'ici le préfet *doit* le refuser.

Le dernier paragraphe de cet article ne comprend pas dans l'exclusion les *gardes particuliers ;* on comprend, en effet, que les propriétaires fonciers veulent quelquefois faire chasser par leurs gardes. On ne saurait donc refuser le permis à ces derniers ; toutefois le maire agirai sagement en exigeant d'eux l'autorisation du propriétaire dont ils sont les agents.

ART. 8.

Le permis de chasse ne sera pas accordé :

1° A ceux qui, par suite de condamnations, sont privés du droit de port d'armes;

2° A ceux qui n'auront pas exécuté les condamnations prononcées contre eux pour l'un des délits prévus par la présente la loi;

3° A tout condamné placé sous la surveillance de la haute police.

— Les articles 7 et 8 prononcent des exclusions que le préfet est *obligé* d'observer; mais si, par erreur, un permis a été délivré à un individu auquel le préfet aurait dû le refuser, et qu'il n'y ait pas eu de manœuvres frauduleuses employées pour l'obtenir, ce permis sera valable. La Cour de Cassation a décidé dans ce sens par un arrêt du 28 janvier 1858.

ART. 9 (*ancien*).

Dans le temps où la chasse est ouverte, le permis donne, à celui qui l'a obtenu, le droit de chasser *de iour*, à tir et à courre, sur ses propres terres et sur les terres d'autrui avec le consentement de celui à qui le droit de chasse appartient.

*Tous autres moyens* de chasse, à l'exception des furets et des bourses destinés à prendre le lapin, *sont formellement prohibés.*

Néanmoins les préfets des départements, sur l'avis des conseils généraux, *prendront* des arrêtés pour déterminer :

1° L'époque de la chasse des *oiseaux de passages, autres que la caille* et les modes et procédés de cette chasse ;

2° *Le temps* pendant lequel il sera permis de chasser le gibier d'eau, dans les marais, sur les étangs, fleuves et rivières ;

3° Les espèces d'animaux malfaisants ou nuisibles que le propriétaire, possesseur ou fermier, pourra *en tout temps* détruire sur ses terres, et les conditions de l'exercice de ce droit, sans préjudice du droit appartenant au propriétaire ou au fermier de repousser ou de détruire, même avec des armes à feu, les bêtes fauves qui porteraient dommage à ses propriétés.

Ils *pourront* prendre également des arrêtés :

1° Pour prévenir la destruction des oiseaux;

2° *Pour autoriser l'emploi des chiens lévriers* pour la destruction des animaux malfaisants ou nuisibles;

3° Pour interdire la chasse pendant les temps de neige.

Cet important article de la loi du 3 mai 1844 a été modifié ainsi qu'il suit par la loi du 24 janvier 1874.

ART. 9 (*nouveau*).

Dans le temps où la chasse est ouverte, le permis donne à celui qui l'a obtenu le droit de chasser de jour, *soit à tir*, *soit à courre*, *à cor et à cris*, *suivant les distinctions établies par les arrêtés préfectoraux*, sur ses propres terres et sur les terres d'autrui, avec le consentement de celui à qui le droit de chasse appartient.

Tous les autres moyens de chasse, à l'exception des furets et des bourses destinés à prendre les lapins, sont formellement prohibés.

2.

Néanmoins les préfets des départements, *sur l'avis des conseils généraux*, prendront des arrêtés pour déterminer :

1° L'époque de la chasse des oiseaux de passage, autres que la caille, *la nomenclature des oiseaux*, et les modes et procédés de chaque chasse *pour les diverses espèces ;*

2° Le temps pendant lequel il sera permis de chasser le gibier d'eau dans les marais, sur les étangs, fleuves et rivières;

3° Les espèces d'animaux malfaisants ou nuisibles que le propriétaire, possesseur ou fermier, pourra, *en tout temps*, détruire sur ses terres, et les conditions de l'exercice de ce droit, sans préjudice du droit appartenant au propriétaire ou au fermier de repousser et de détruire, *même avec des armes à feu*, les bêtes fauves qui porteraient dommage à ses propriétés.

*Ils pourront* prendre également des arrêtés :

1° Pour prévenir la destruction des oiseaux, ou pour favoriser leur repeuplement.

2° Pour autoriser l'emploi des chiens lévriers pour la destruction des animaux malfaisants ou nuisibles;

3° Pour interdire la chasse pendant les temps de neige.

— La modification introduite dans le premier paragraphe de l'ancien article 9 est la conséquence du système des ouvertures et des clôtures de chasse distinctes, soit à tir, soit à courre, à cor et à cris, que le nouvel article 3 (édicté par la loi du 24 janvier 1874) permet aux préfets de déterminer des époques différentes, contrairement à la jurisprudence de la Cour de Cassation qui, sous l'empire de l'ancien article 9, n'admettait qu'une seule et unique ouverture pour les divers modes de chasse.

L'autorisation de chasser *de jour* implique la défense de chasser de nuit ; c'est ce qui a été expliqué par le rapporteur de la loi de 1844 répondant à M. de Boissy :

« La commission a entendu prohiber d'une « manière absolue la chasse pendant la nuit ; « mais elle a compris que très-souvent la *chasse* « *à l'affût* avait lieu dans un temps très-rap- « proché de la nuit, soit le matin, soit le soir, « mais qui n'est pas la nuit. Vouloir aller plus « loin, et définir ce qui est la nuit, a paru im- « possible à la commission ; elle a cru qu'il « fallait, en posant le principe de l'interdiction « de la chasse pendant la nuit, laisser les ap- « préciations de fait aux tribunaux. C'est ce « qui se pratique dans toutes les matières de

« fait, et notamment dans tous les cas où la « circonstance de nuit est considérée comme « aggravante. »

On peut donc chasser à l'affût jusqu'au crépuscule, et la Cour de Paris, dans un arrêt du 31 mars 1865, a admis qu'il n'y a pas fait de chasse dans l'acte qui consiste à poser des banderolles pendant la nuit, par la raison que l'acte préparatoire ne saurait être considéré comme l'exécution de l'acte même de chasser.

Ce même article a subi une autre modification qui a eu pour but de conférer aux préfets le droit de dresser *la nomenclature des espèces d'oiseaux* de passage qu'il permettra de chasser au moyen de modes et de procédés exceptionnels.

Cette addition à la loi du 3 mai 1844 était justifiée par l'interprétation, selon nous erronée, que la Cour de Cassation a donnée à cette partie de la loi du 3 mai 1844 par son arrêt du 22 février 1868, qui a qualifié d'*illégale l'énumération limitative* des espèces d'oiseaux de passage qu'on pourrait chasser par des modes et procédés exceptionnels.

Nous avons combattu la doctrine adoptée par la Cour de Cassation (dans les numéros des 30 juin et 15 juillet 1868 du *Journal des Chasseurs*), et nous avons la satisfaction de voir que l'exposé des motifs de la loi du 24 janvier 1874. qui vient d'être votée par l'Assemblée nationale, contient identiquement l'argument sur lequel s'étayait, surtout, notre démonstration.

Nous avons en effet soutenu que l'article 9 de la loi de 1844, conférant aux préfets le droit de déterminer l'époque de la chasse des oiseaux de passage, *autres que la caille* et *les modes et procédés de cette chasse, qui varient selon les espèces*, il en résultait qu'ils avaient nécessairement la mission de désigner, en même temps que ces modes et procédés de chasse, *les espèces d'oiseaux de passage* auxquels ils pourraient s'appliquer, et, par suite, le droit d'éliminer de la liste de ces oiseaux ceux dont la conservation serait jugée utile à l'agriculture.

Nous soutenions en même temps que les conseils généraux et les préfets, agissant sous le contrôle de l'administration supérieure, étaient les meilleurs juges de la rédaction de *l'acte administratif* destiné à réglementer cette matière.

La rédaction nouvelle de l'article 9 de notre loi vient enfin de consacrer la doctrine que nous soutenions en 1868, en ne laissant subsister aucun doute sur l'étendue du droit conféré aux préfets pour désigner les espèces d'oiseaux de passage, qu'il sera permis de chasser dans chaque département. Et l'exposé de la loi renferme identiquement les raisons que nous invoquions en 1868.

L'esprit de cette rédaction est d'ailleurs en harmonie avec l'autre disposition de l'article 9, qui statue que les préfets *pourront* prendre des arrêtés « *pour prévenir la destruction des oiseaux.* »

Ainsi, lorsqu'il s'agit d'autoriser l'emploi d'engins spéciaux pour la chasse des oiseaux de passage, l'action des préfets est limitée par le vote du conseil général, que comporte la loi, tandis que, lorsqu'il y a lieu de protéger les oiseaux utiles, le préfet n'a de conseil à prendre que de lui-même. Il peut, s'il le juge convenable, ne pas autoriser d'autre chasse que la chasse à tir et à courre, et peut en outre défendre, même en temps de chasse ouverte, la destruction de telle ou telle espèce d'oiseau.

Membre de la Société protectrice des animaux, nous avons été heureux de trouver dans la loi française la disposition sur laquelle nous insistons avec intention. La conservation des oiseaux insectivores est en effet l'objet de la sollicitude de toutes les sociétés protectrices des animaux, et, presque partout, l'autorité seconde avec une grande intelligence les efforts faits en vue d'obtenir l'interdiction de la chasse et de la vente des oiseaux de pays dits *becs-fins*. Le Danemark, l'Allemagne et la Belgique ont pris à ce sujet des mesures très-efficaces, et ce qui n'est qu'une faculté pour l'administration française est une loi chez nos voisins. En Belgique notamment, la loi du 21 avril 1873 *défend « de prendre, de tuer, d'exposer en vente, de vendre, d'acheter, de transporter ou de colporter les oiseaux insectivores, ainsi que leurs œufs ou couvées.* »

Une longue expérience nous a appris combien il est difficile de vaincre des habitudes et des préjugés répandus dans les campagnes, et, il faut bien le reconnaître, pour atteindre le but désiré par les sociétés protectrices des animaux et par beaucoup de sociétés d'agriculture, il faudra d'abord faire pénétrer jusque dans nos plus humbles hameaux les vérités incontestables que la science a recueillies sur les services que les oiseaux rendent à l'agriculture : c'est ce but que nous avons cherché à atteindre en écrivant, il y a dix ans, un manuel destiné aux enfants des campagnes sous le titre : « *Entretien d'un instituteur sur l'utilité des oiseaux* (1). »

Il nous reste à examiner les autres dispositions de cet important article de la loi :

Dans la première partie, il prohibe d'une manière formelle tous les genres de chasse autres que la chasse *de jour à tir ou à courre* et la chasse du lapin à l'aide de furets et de bourses.

Sans faire une nomenclature des divers engins de chasse, qui aurait été incomplète, cet article embrasse dans sa prohibition générale

(1) Le ministre de l'intérieur a souscrit à 3000 exemplaires de ce manuel pour toutes les préfectures, et la société protectrice des animaux, dans sa séance solennelle du 2 juin 1873, a décerné une médaille de bronze à M. Viel, pour cet ouvrage. — Vendu 50 centimes, chez Josse, éditeur, rue de Sèvres, n° 31.

l'emploi des panneaux et des filets, l'usage meurtrier des lacets, des collets et, en un mot, de tous les instruments qui ne sauraient favoriser que les braconniers ou développer chez de jeunes enfants des habitudes déplorables de destruction.

Nous devons cependant faire remarquer que la *chasse au miroir* est permise.

Le miroir ne saurait, en effet, être considéré comme un *engin* de chasse dans le sens que la loi a attaché à ce mot. Le mot *engins* doit s'entendre d'objets ou d'instruments qui *matériellement* ou *directement* saisissent ou tuent le gibier ou les oiseaux, *sans que l'emploi du fusil soit nécessaire*, — tels sont les piéges, lacets, etc., — tandis que le *miroir* n'est qu'un accessoire de la chasse à tir (un arrêt de la cour de Grenoble, du 2 janvier 1845, confirmé par la Cour de Cassation, a consacré cette doctrine).

Le troisième paragraphe de l'article 9 prescrit aux préfets de prendre des arrêtés pour déterminer :

*Le temps* pendant lequel il sera permis de chasser le gibier d'eau dans les marais, sur les étangs, fleuves et rivières.

On voit qu'ici le préfet, autorisé a déterminer *le temps* pendant lequel on peut chasser le gibier d'eau, n'a pas la faculté de permettre l'emploi d'engins spéciaux pour cette chasse. On ne doit donc chasser le gibier d'eau qu'à l'aide de fusil. A moins cependant que certaines espèces de gibier d'eau ne soient en même temps classées par l'arrêté préfectoral parmi les oiseaux de passage, dont un mode spécial de chasse serait permis, outre l'emploi du fusil qui est de droit pendant le temps d'ouverture.

Beaucoup d'oiseaux d'eau appartiennent en effet à la famille des oiseaux de passage et c'est pour cela que la loi a permis au préfet de déterminer le temps pendant lequel il sera permis de les chasser, sans attendre l'ouverture générale de la chasse.

Il ne faut pas que, sous prétexte de chasser les oiseaux d'eau, alors que la chasse générale est fermée, on se permette de tirer du gibier en plaine. On s'exposerait ainsi à une condamnation. (Arrêt de la Cour de Colmar du 22 mai 1866).

On ne doit faire usage de son arme qu'au bord des étangs, fleuves ou rivières sans s'éloigner sensiblement des berges.

Il est vrai que la loi n'a point prévu l'espace dans lequel le chasseur pourrait agir, c'est l'acte qui consistera à chasser sur des terres, assez éloignées de l'eau pour constituer le chasseur en délit contre les prescriptions de l'arrêté préfectoral, qui sera poursuivi et puni. La distance que prescrirait l'arrêté du préfet ne nous semblerait pas être obligatoire pour le chasseur et nous pensons que les tribunaux ne pourraient pas condamner le chasseur qui s'en serait écarté, dès qu'il serait avéré qu'il n'a tiré que des oiseaux d'eau.

Faut-il comprendre parmi les oiseaux d'eau, dont parle notre article les oiseaux de mer?

Cet article ne désignant que la chasse *dans les marais*, sur les étangs, les *fleuves* et les *rivières*, il paraît évident que le législateur n'a pas eu en vue les oiseaux de mer, et que, par suite, la chasse de ces oiseaux n'ayant point été l'objet d'aucune disposition spéciale dans la loi, rien ne s'opposerait à ce que la chasse pût en avoir lieu librement et en tout temps.

C'est dans ce sens que la Cour de Rennes rendait un arrêt le 15 novembre 1859, confirmatif d'un jugement du tribunal de Saint-Brieuc du 4 octobre 1859, qui avait acquitté deux chasseurs d'alouettes de mer, l'un sur la grève de Paimpol, l'autre non loin de cette grève dans un bateau. Mais la Cour de Cassation, par arrêt du 20 janvier 1860, a repoussé le système du jugement et de l'arrêt précités en visant l'art. 1er de la loi du 3 mai 1844, aux termes duquel : « Nul ne pourra chasser si la chasse n'est pas ouverte. »

D'un autre côté la Cour d'Aix avait décidé, le 12 mars 1850, qu'il n'y a pas acte de chasse dans le fait d'avoir pris des canards ou macreuses à l'aide de filets calés dans les eaux.

Le système de la Cour de Cassation est d'ailleurs en opposition avec l'énumération que la loi elle-même a faite (art. 22) des agents divers appelés à constater les délits de chasse. On n'y voit en effet figurer ni les gardes côtiers, ni aucun autre agent de la marine. Comment admettre alors que le législateur ait eu en vue les oiseaux de mer? Encore une fois cela ne se trouve nulle part dans la loi et nous sommes porté à penser que l'arrêt précité de la Cour de Cassation à cet égard, n'est pas plus fondé que celui qui contestait aux préfets le droit d'énumérer les espèces d'oiseaux de passage auxquels les moyens exceptionnels de chasse pourraient s'appliquer, arrêt que nous avons combattu en 1868 et que la loi a eu pour but de mettre à néant.

L'article 9 contient en outre cette disposition : « Les préfets prendront *sur l'avis des conseils généraux*, des arrêtés pour déterminer : les espèces d'animaux malfaisants ou nuisibles que le propriétaire, possesseur ou fermier, pourra, *en tout temps*, détruire *sur ses terres*, et les conditions de l'exercice de ce droit : sans préjudice du droit appartenant au propriétaire ou au fermier de repousser et de détruire, *même avec des armes à feu*, les bêtes fauves qui porteraient dommage à ses propriétés. »

Le préfet devra donc, de concert avec le conseil général, dresser la nomenclature des espèces d'animaux malfaisants ou nuisibles, que le propriétaire, possesseur ou fermier pourra détruire, et réglementer en même temps les conditions de l'exercice de ce droit.

Les habitants de chaque département devront recourir au texte de l'arrêté permanent du préfet pour connaître l'étendue de leurs droits sur ce point.

Le droit de destruction a été concédé par la loi dans l'intérêt de la conservation des récoltes, du gibier et des oiseaux utiles, car l'arrêté préfectoral pourra aussi bien désigner comme animaux nuisibles et malfaisants les lapins et les lièvres que certaines espèces d'oiseaux qui détruisent les récoltes et les nids d'oiseaux insectivores.

Quant à la faculté de repousser les bêtes fauves qui portent dommage aux propriétés, elle est la conséquence du droit de légitime défense, et elle peut s'appliquer aussi bien aux chevreuils, aux sangliers, aux loups, qu'aux pigeons ramiers et aux pigeons domestiques, lorsque ces divers animaux s'abattent sur mon champ, sur mon jardin, sur ma basse-cour et y causent un dommage réel.

Quand la bête malfaisante ou nuisibles a le caractère de gibier, c'est-à-dire qu'elle est mangeable, le propriétaire qui a usé de son droit en la tuant, a la faculté de rapporter l'animal à son domicile (arrêt de la Cour de Rouen, du 22 juin 1865). Il en serait de même des animaux tués dans une battue dûment ordonnée par le préfet, lorsque les chasseurs qui y ont pris part ne sortent pas les pièces tuées du département même où la battue a été ordonnée et que la provenance du gibier peut être justifiée.

Dans les deux cas prévus par notre article, il n'est point besoin de permis de chasse pour *détruire* les animaux malfaisants désignés comme tels dans l'arrêté du préfet, ni pour se défendre contre les bêtes fauves ; il en faudrait un pour les chasser en dehors de ses propriétés.

Nous pensons que, comme pour les oiseaux de passage, l'arrêté du préfet qui a classé certains animaux comme nuisibles, doit être considéré comme limitatif et que les tribunaux ne doivent point suppléer le silence de l'arrêté concernant d'autres animaux plus ou moins malfaisants et nuisibles.

Nous parlerons plus loin, au chapitre dans lequel nous traiterons de *la louveterie*, des chasses spéciales et des battues autorisées ou ordonnées par les préfets en vue de réduire le nombre des animaux malfaisants ou nuisibles.

L'art. 9 dispose également que le préfet pourra autoriser l'*emploi des chiens lévriers* pour la destruction des animaux malfaisants ou nuisibles.

Cette disposition de la loi semble dire implicitement que cette espèce de chiens ne doit pas être employée pour la chasse ordinaire. Cependant, en nous reportant au § 3 de l'art. 11, nous y voyons qu'il punit ceux qui ont contrevenu aux arrêtés des préfets « *concernant* l'emploi des chiens lévriers. »

Il faudrait donc pour tomber sous l'application de ce dernier article, que l'arrêté du préfet eût explicitement défendu l'emploi des chiens lévriers.

Nous nous croirions donc à l'abri de toute condamnation en employant des chiens lévriers, dès que l'arrêté sur la police de la chasse ne comporterait pas la défense de les employer dans le département où nous profiterions de notre permis de chasse.

Le dernier paragraphe de cet important article de la loi autorise les préfets à *interdire la chasse pendant les temps de neige.*

Lorsque cette interdiction existe dans un département, elle doit être inscrite dans l'arrêté permanent qui régit la police de la chasse dans ce département et elle n'a pas besoin d'être renouvelée chaque année pour demeurer obligatoire. C'est ce qu'a décidé la Cour de cassation dans un arrêt rendu en Chambres réunies, le 29 novembre 1847.

La destruction n'étant pas la chasse, le propriétaire, possesseur ou fermier, pourra détruire et repousser les animaux malfaisants désignés dans l'arrêté préfectoral ainsi que les bêtes fauves, lorsqu'ils porteront dommage à ses propriétés même alors qu'elles seraient couvertes de neige.

La prohibition de chasser en temps de neige

ne met pas obstacle à la vente et au colportage du gibier pendant cette suspension accidentelle de la chasse. Il serait en effet injuste de prononcer une condamnation contre des personnes qui pourraient avoir tué ou acheté du gibier à un moment où la chasse était permise.

L'article 11 de la loi qui punit ceux qui chassent en temps de neige, contrairement à l'arrêté du préfet, n'a ni puni ni prévu la vente et le colportage du gibier pendant ce temps. Des arrêts de cassation ont été rendus dans ce sens le 22 mars et le 18 avril 1845.

## Art. 10.

Des ordonnances royales détermineront la gratification qui sera accordée aux gardes et gendarmes rédacteurs des procès-verbaux ayant pour objet de constater les délits.

---

C'est une ordonnance royale du 5 mai 1845 qui a réglé le taux et le mode de distribution des gratifications à accorder aux rédacteurs des procès-verbaux pour délits de chasse. La voici en substance :

« LOUIS-PHILIPPE, Roi des Français,

« A tous présents et à venir, salut.

« Sur le rapport de notre ministre secrétaire « d'État, au département de l'intérieur :

« Vu les articles 10, 11, 12, 13, 14, 17 et 19 de « la loi du 3 mai 1844, sur la police de la « chasse ;

« Notre conseil d'État entendu,

« Nous avons ordonné et ordonnons ce qui « suit :

« Art. 1er. La gratification accordée aux « gendarmes, gardes forestiers, gardes cham- « pêtres et gardes assermentés des particuliers, « qui constateront des infractions à la loi du 3 « mai 1844, sur la police de la chasse, est fixée « ainsi qu'il suit :

« Huit francs pour les délits prévus par l'ar- « ticle 11 ;

« Quinze francs pour les délits prévus par l'article 12 et l'article 13, n° 1er ;

« Vingt-cinq francs pour les délits prévus « par l'article 13, § 2.

« Art. 2. La gratification est due pour cha- « que amende prononcée ; elle sera acquittée « par les receveurs de l'enregistrement, suivant « le mode actuel et les règles de la compta- « bilité ordinaire.

« Art. 3. (1) Il sera tenu un compte spécial,

(1) Cet article a été modifié par le décret du 18 août 1852 que nous reproduisons plus loin, page 48.

« par commune, du recouvrement des amen-
« des ; ce compte sera réglé chaque année.
« Après prélèvement des gratifications et de
« cinq pour cent pour frais de régie, le produit
« restant des amendes recouvrées sera compté
« à la commune sur le territoire de laquelle
« l'infraction aura été commise.

« En cas d'insuffisance de l'amende pour le
« payement de la gratification, il ne sera, pour
« cet excédant, exercé aucun recours contre la
« commune.

« Les frais de poursuite tombés en non-
« valeurs seront remboursés conformément à
« l'article 6 de l'ordonnance du 30 décembre
« 1823.

« Art. 4. Il ne pourra être alloué qu'une
« seule gratification, lors même que plusieurs
« agents auraient concouru à la rédaction du
« procès-verbal contatant le délit.

Art. 5. La présente ordonnance est ap-
« plicable aux amendes qui auront été déjà
« prononcées en vertu de la loi du 3 mai
1844.

« Art. 6. Nos ministres secrétaires d'État de
« l'intérieur et des finances sont chargés de
« l'exécution de la présente ordonnance. »

L'ordonnance qui précède a été commentée et expliquée très-clairement dans une instruction du directeur général de l'enregistrement et des domaines, en date du 18 mai 1845 ; nous nous bornerons en conséquence à reproduire en partie ce document, qui intéresse surtout les administrations municipales, les receveurs de l'enregistrement et les agents appelés par leurs fonctions à constater les contraventions à la loi sur la police de la chasse.

L'article 1er de l'ordonnance du 5 mai 1845 établit plusieurs quotités de gratifications, suivant la nature et l'importance des délits, savoir : gratification de *huit francs* pour les délits prévus par l'article 11 de la loi du 3 mai 1844 ; — de *quinze francs* pour les délits énumérés à l'article 12 et au § 1er de l'article 13, c'est-à-dire pour le délit de chasse sur le terrain d'autrui sans son consentement, si ce terrain est attenant à une maison habitée ou servant d'habitation, et s'il est entouré d'une clôture continue faisant obstacle à toute communication avec les héritages voisins ; — enfin, de *vingt cinq francs* pour les délits prévus par le § 2 de l'article 13, c'est-à-dire pour ceux qui ont été commis la nuit.

On remarquera que *les gardes assermentés des particuliers* ont droit à la gratification pour les délits qu'ils constatent.

Aux termes de l'article 22 de la loi du 3 mai 1844, les délits de chasse peuvent être constatés par les maires et adjoints et par les commissaires de police. Mais les procès-verbaux rapportés par ces fonctionnaires ne donnent pas lieu à la gratification, dont l'allocation est limitée par l'article 10 aux gendarmes et gardes. D'après cette disposition restrictive de la loi, il n'a pas été possible non plus d'accorder la gratification aux employés des contributions indirectes et des octrois, spécialement chargés par l'article 23 de rechercher et de constater les délits prévus par le § 1er de l'article 4, et résultant de la mise en vente, de la vente, de l'achat, du transport et du colportage du gibier pendant le temps où la chasse n'est pas permise.

*La gratification est due pour chaque amende prononcée.* Cette disposition de l'article 2 de l'ordonnance du 5 mai 1845 est conforme au décret du 8 mai 1811, portant que la gratification est acquise par le fait de la condamnation du délinquant. Il ne peut au surplus, d'après l'article 4 de l'ordonnance, être alloué qu'une seule gratification pour chaque amende, quel que soit le nombre des agents qui ont concouru à la rédaction du procès-verbal constatant le délit.

Les gratifications seront désormais acquittées par le receveur de l'enregistrement du canton dont fait partie la commune sur le territoire de laquelle le délit aura été commis. En ce qui concerne les gendarmes, le payement des gratifications sera ordonnancé au nom des conseils d'administration des compagnies de gendarmerie, au moyen de mémoires dressés dans la forme prescrite par la circulaire précitée de la comptabilité générale des finances, et appuyés d'extraits certifiés, sur papier *non timbré*, par le procureur du Roi ou le greffier du tribunal, des jugements de condamnation. Quant aux gardes, la gratification sera payée à chacun d'eux individuellement sur un mandat auquel sera annexé un semblable extrait du jugement.

Conformément à l'article 19 de la loi du 3 mai 1844, le produit des amendes, après le prélèvement des gratifications, est *attribué aux communes* sur le territoire desquelles les infractions ont été commises. Cette attribution comprend non-seulement les amendes sujettes à la gratification au profit des gendarmes; mais encore celles qui auront été prononcées sur les procès-verbaux des maires et adjoints, commissaires de police, employés des contributions indirectes et des octrois, lesquels, comme il a été dit ci-dessus, n'ont pas droit à la gratification.

Une légère modification a été apportée à l'article 3 de l'ordonnance du 5 mai 1845, par un décret du 18 août 1852, ainsi conçu :

### 18 AOUT 1852. — DÉCRET QUI MODIFIE L'ARTICLE 3 DE L'ORDONNANCE DU 5 MAI 1845.

ART. 1er. — L'article 3 de l'ordonnance du 5 mai 1845 est modifié ainsi qu'il suit :

Les receveurs de l'enregistrement tiendront un compte spécial, par commune, du recouvrement des amendes prononcées pour infraction à la loi du 3 mai 1844 sur la police de la chasse ; ce compte sera réglé chaque année. Après prélèvement des gratifications et de cinq pour cent pour frais de régie, le produit restant des amendes recouvrées sera compté à la commune sur le territoire de laquelle l'infraction aura été commise. En cas d'excédant de dépense à l'époque du règlement, il ne sera exercé aucun recours contre la commune; mais cet excédant sera reporté au compte ouvert pour l'année suivante, dans lequel il formera le premier article de dépense.

Les frais de poursuite tombés en non-valeurs seront remboursés conformément à l'article 6 de l'ordonnance du 30 décembre 1823.

---

## SECTION II. — DES PEINES.

### ART. 11.

Seront punis d'une amende de 16 à 100 francs :

1° Ceux qui auront chassé sans permis de chasse.

2° Ceux qui auront chassé sur le terrain d'autrui sans le consentement du propriétaire;

L'amende pourra être portée au double si le délit a été commis sur des terres non dépouillées de leurs fruits, ou s'il a été commis sur un terrain entouré d'une clôture continue faisant obstacle à toute communication avec les héritages voisins, mais non attenant à une habitation;

Pourra ne pas être considéré comme délit de chasse le fait du passage des chiens courants sur l'héritage d'autrui, lorsque ces chiens seront à la suite d'un gibier lancé sur la propriété de leurs maîtres, sauf l'action civile, s'il y a lieu, en cas de dénonciation;

3° Ceux qui auront contrevenu aux arrêtés des préfets concernant les oiseaux de passage, le gibier d'eau, la chasse en temps de neige, l'emploi des chiens lévriers, ou aux arrêtés concernant la destruction des oiseaux et celle des animaux nuisibles ou malfaisants;

4° Ceux qui auront pris ou détruit, sur le terrain d'autrui, des œufs ou couvées de faisans, de perdrix ou de cailles;

5° Les fermiers de la chasse, soit dans les bois soumis au régime forestier, soit sur les propriétés dont la chasse est louée au profit des communes et des établissements publics, qui auront contrevenu aux clauses et conditions de leurs cahiers de charges relatives à la chasse.

## Art. 12.

Seront punis d'une amende de 50 à 200 francs, et pourront, en outre, l'être d'un emprisonnement de six jours à deux mois;

1° Ceux qui auront chassé en temps prohibé;

2° Ceux qui auront chassé pendant la nuit ou à l'aide d'engins ou instruments prohibés, ou par d'autres moyens que ceux qui sont autorisés par l'article 9;

3° Ceux qui seront détenteurs ou ceux qui seront trouvés munis ou porteurs, hors de leur domicile, de filets, engins ou autres instruments de chasse prohibés;

4° Ceux qui, en temps où la chasse est prohibée, auront mis en vente, vendu, acheté, transporté ou colporté du gibier;

5° Ceux qui auront employé des drogues ou appâts qui sont de nature à enivrer le gibier ou à le détruire;

6° Ceux qui auront chassé avec appeaux, appelants ou chanterelles.

Les peines déterminées par le présent article pourront être portées au double contre ceux qui auront chassé pendant la nuit sur le terrain d'autrui, et par l'un des moyens spécifiés au paragraphe 2, si les chasseurs étaient munis d'une arme apparente ou cachée.

Les peines déterminées par l'article 11 et par le présent article seront toujours portées au maximum lorsque les délits auront été commis par les gardes champêtres ou forestiers des communes, ainsi que par les gardes forestiers de l'État et des établissements publics.

### Art. 13.

Celui qui aura chassé sur le terrain d'autrui sans son consentement, si ce terrain est attenant à une maison habitée ou servant à l'habitation, et s'il est entouré d'une clôture continue faisant obstacle à toute communication avec les héritages voisins, sera puni d'une amende de cinquante à trois cents francs, et pourra l'être d'un emprisonnement de six jours à trois mois.

Si le délit a été commis pendant la nuit, le délinquant sera puni d'une amende de cent francs à mille francs, et pourra l'être d'un emprisonnement de trois mois à deux ans, sans préjudice, dans l'un et l'autre cas, s'il y a lieu, de plus fortes peines prononcées par le Code pénal.

### Art. 14.

Les peines déterminées par les trois articles qui précèdent pourront être portées au double si le délinquant était en état de récidive, et s'il était déguisé ou masqué, s'il a pris un faux nom, s'il a usé de violence envers les personnes, ou s'il a fait des menaces, sans préjudice, s'il y a lieu, de plus fortes peines prononcées par la loi.

Lorsqu'il y aura récidive dans les cas prévus en l'article 11, la peine de l'emprisonnement de six jours à trois mois pourra être appliquée si le délinquant n'a pas satisfait aux condamnations précédentes.

ART. 15.

Il y a récidive lorsque, dans les douze mois qui ont précédé l'infraction, le délinquant a été condamné en vertu de la présente loi.

ART. 16.

Tout jugement de condamnation prononcera la confiscation des filets, engins et autres instruments de chasse. Il ordonnera, en outre, la destruction des instruments de chasse prohibés. — Il prononcera également la confiscation des armes, excepté dans le cas où le délit aura été commis par un individu muni d'un permis de chasse, dans le temps où la chasse est autorisée. — Si les armes, filets, engins ou autres instruments de chasse n'ont pas été saisis, le délinquant sera condamné à les représenter en en payant la valeur, suivant la fixation qui en sera faite par le jugement, sans qu'elle puisse être au-dessous de cinquante francs. — Les armes, engins ou autres instruments de chasse abandonnés par les délinquants restés inconnus, seront saisis et déposés au greffe du tribunal compétent. La confiscation et, s'il y a lieu, la destruction en seront ordonnées sur le vu du procès-verbal. — Dans tous les cas, la quotité des dommages-intérêts est laissée à l'appréciation des tribunaux.

### Art. 17.

En cas de conviction de plusieurs délits prévus par la présente loi, par le Code pénal ordinaire ou par les lois spéciales, la peine la plus forte sera seule prononcée.

Les peines encourues pour des faits postérieurs à la déclaration du procès-verbal de contravention pourront être cumulées, s'il y a lieu, sans préjudice des peines de la récidive.

ART. 18.

En cas de condamnation pour délits prévus par la présente loi, les tribunaux pourront priver le délinquant du droit d'obtenir un permis de chasse pour un temps qui n'excédera pas cinq ans.

ART. 19.

La gratification mentionnée en l'article 10 sera prélevée sur le produit des amendes.

Le surplus desdites amendes sera attribué aux communes sur le territoire desquelles les infractions auront été commises.

ART. 20.

L'article 463 du Code pénal ne sera pas applicable aux délits prévus par la présente loi.

L'article 463 du Code pénal permet d'abaisser les peines prononcées par la loi lorsque le jury admet les circonstances atténuantes. En matière de chasse le juge ne peut donc qu'appliquer strictement les dispositions pénales de notre loi.

---

## SECTION III. — De la poursuite et du jugement.

### Art. 21.

Les délits prévus par la présente loi seront prouvés, soit par procès-verbaux ou rapports, soit par témoins, à défaut de rapports et procès-verbaux, à leur appui.

### Art. 22.

Les procès-verbaux des maires et adjoints, commissaires de police, officier, maréchal-des-logis ou brigadier de gendarmerie, gendarmes, gardes forestiers, gardes-pêche, gardes champêtres, ou gardes assermentés des particuliers, feront foi jusqu'à preuve contraire.

ART. 23.

Les procès-verbaux des employés des contributions indirectes et des octrois feront également foi jusqu'à preuve contraire, lorsque, dans la limite de leurs attributions respectives, ces agents rechercheront et constateront les délits prévus par le paragraphe 1er de l'article 4.

ART. 24.

Dans les vingt-quatre heures du délit, les procès-verbaux des gardes seront, à peine de nullité, affirmés par les rédacteurs devant le juge de paix ou l'un de ses suppléants, ou devant le maire ou l'adjoint, soit de la commune de leur résidence, soit de celle où le délit aura été commis.

ART. 25.

Les délinquants ne pourront être saisis ni désarmés; néanmoins, s'ils sont déguisés ou masqués, s'ils refusent de faire connaître leurs noms, ou s'ils n'ont pas de domicile connu, ils seront conduits immédiatement devant le maire ou le juge de paix, lequel s'assurera de leur individualité.

### Art. 26.

Tous les délits prévus par la présente loi seront poursuivis d'office par le ministère public, sans préjudice du droit conféré aux parties lésées par l'article 182 du Code d'instruction criminelle.

Néanmoins, dans le cas de chasse sur le terrain d'autrui sans le consentement du propriétaire, la poursuite d'office ne pourra être exercée par le ministère public, sans une plainte de la partie intéressée, qu'autant que le délit aura été commis dans un terrain clos, suivant les termes de l'article 2, et attenant à une habitation, ou sur des terres non encore dépouillées de leurs fruits.

### Art. 27.

Ceux qui auront commis conjointement les délits de chasse, seront condamnés solidairement aux amendes, dommages-intérêts et frais.

ART. 28.

Le père, la mère, le tuteur, les maîtres et commettants, sont civilement responsables des délits de chasse commis par leurs enfants mineurs non mariés, pupilles demeurant avec eux, domestiques ou préposés, sauf tout recours de droit.

Cette responsabilité sera réglée conformément à l'article 1384 du Code civil, et ne s'appliquera qu'aux dommages-intérêts et frais, sans pouvoir toutefois donner lieu à la contrainte par corps.

ART. 29.

Toute action relative aux délits prévus par la présente loi sera prescrite par le laps de trois mois, à compter du jour du délit.

— L'examen des diverses pénalités édictées dans la deuxième section démontre suffisamment l'intention du législateur; ces pénalités sont graduées suivant le plus ou moins d'importance des faits auxquels elles s'appliquent. Les minimums ont généralement été fixés très-bas afin de laisser aux tribunaux une grande latitude et de leur permettre de n'infliger qu'une peine légère à ceux qui commettront accidentellement des infractions sans gravité.

D'ailleurs, les recours en grâce portés devant le chef du pouvoir exécutif, au moyen de pétitions visées par le maire de la commune du délinquant, sont toujours examinés avec le plus grand soin, et lorsque le délinquant n'est pas un braconnier et qu'il mérite, par sa réputation et son manque de fortune, l'indulgence du chef du pouvoir exécutif, elle ne lui fait jamais défaut.

Les agents de l'autorité doivent donner tout leur concours à l'exécution de la loi et des règlements sans avoir égard soit aux relations de voisinage, soit à la gravité des peines. L'efficacité de la loi ne saurait exister si les fonctionnaires chargés de constater les délits se croyaient autorisés à fermer les yeux sur les infractions commises par certaines personnes de leur commune qui pourraient leur inspirer soit de l'intérêt soit de la crainte.

Les maires, comme chefs de la famille communale, devront donc veiller avec soin à ce que les gardes champêtres et les gendarmes fassent strictement leur devoir.

Toute négligence ou partialité reprochable

aux agents de l'autorité devra immédiatement être signalée au sous-préfet, qui avisera aux moyens de ne pas laisser impunis les manquements aux obligations imposées aux fonctionnaires chargés de faire exécuter la loi.

C'est surtout aux gardes champêtres qu'il appartient de surveiller l'exécution de la loi du 3 mai 1844 et des arrêtés préfectoraux pris en vertu de cette loi. Ces fonctionnaires ont, en effet, été institués pour la conservation des fruits de la terre, des récoltes de toute nature et des propriétés rurales. (Loi du 6 octobre 1791, 3 brumaire an IV.) Qu'ils se pénètrent donc de l'ensemble des dispositions de la loi et des règlements qui régissent la chasse, afin d'être à portée de remplir exactement tous les devoirs qui leur sont prescrits en cette matière, qui intéresse autant l'ordre public que le développement et la conservation de nos richesses cynégétiques.

La troisième section de la loi relative à la poursuite et au jugement, renferme deux articles qui seuls comportent quelques mots d'explication.

L'article 23 porte que les procès-verbaux des employés des contributions indirectes et des octrois feront foi jusqu'à la preuve contraire, lorsque, DANS LA LIMITE DE LEURS ATTRIBUTIONS RESPECTIVES, ces agents rechercheront et constateront les délits prévus par le paragraphe 1er de l'article 4, c'est-à-dire la mise en vente, la vente, l'achat, le colportage et le transport du gibier en temps prohibé.

Les motifs de cette disposition sont évidents : Les infractions dont il s'agit ici ne sont en effet presque jamais constatées par les gardes et les gendarmes, appelés, par la nature de leurs fonctions, à rechercher plutôt les délits de chasse proprement dits qui se commettent au milieu des champs ou dans les bois ; tandis que les préposés des octrois, placés à l'entrée des villes pour surveiller les objets qu'on veut y introduire ; les employés des contributions indirectes, obligés, par état, de visiter les auberges et les lieux ouverts au public, pourront tout en remplissant leur mission, constater sans peine le transport et la vente illicite du gibier. Le concours de ces derniers agents était nécessaire à l'exécution d'une partie importante de la loi, telle est la cause du nouveau pouvoir qui leur a été conféré par l'article 23.

Une remarque essentielle à faire sur cet article, c'est que, d'après ses termes, les fonctionnaires qu'il désigne ne pourront verbaliser valablement, qu'autant qu'ils agiront dans les limites de leurs attributions ordinaires, et, suivant un avis de M. le Ministre de la justice (circulaire du 9 mai 1844), les employés des contributions indirectes, ne pouvant faire de visites chez les aubergistes qui se sont rachetés de l'exercice par un abonnement, n'auraient pas le droit de se transporter chez ces derniers pour y rechercher du gibier en temps prohibé.

Le complément nécessaire de cette partie de notre travail va se résumer dans quelques formules de procès-verbaux précis et complets, qui pourront servir de modèles aux gardes champêtres, qui, trop souvent, ignorent les formalités exigées pour la validité des actes qu'ils ont à rédiger.

---

## PROCÈS-VERBAUX

### EN MATIÈRE DE CHASSE

La loi exige l'accomplissement de quatre formalités essentielles pour la régularité d'un procès-verbal.

Il faut : 1° Qu'il soit signé par celui qui, aux termes de la loi (art. 22 et 23), avait qualité pour le dresser ;

2° Qu'il soit affirmé dans les vingt-quatre heures de sa rédaction (art. 24.);

3° Que, dans le cas où le garde n'aurait pas écrit lui-même le procès-verbal, l'officier administratif ou militaire qui reçoit sa déclaration constate qu'il en a été donné lecture au déclarant ;

4° Que le procès-verbal soit enregistré dans les quatre jours de sa date, sous peine de 5 fr. 50 c. d'amende.

Il y a NULLITÉ chaque fois que l'une des trois premières formalités n'a pas été remplie.

La loi n'a pas, il est vrai, assujetti la rédaction des procès-verbaux à une forme déterminée ; il suffit qu'ils soient clairs et précis; qu'ils contiennent :

1° En toutes lettres, les jours, mois, année et heure où ils ont été dressés ;

2° Les nom et prénoms du garde ou gendarme et sa qualité d'assermenté;

3° La mention qu'il était revêtu du signe distinctif de ses fonctions lorsqu'il a constaté le délit;

4° La désignation exacte du lieu où le délit a été commis;

5° L'indication de toutes les circonstances du délit;

6° Les noms, âge, profession et demeure des délinquants, ou leur signalement s'ils sont inconnus;

7° Les interpellations qui leur ont été faites, leur réponse ou leur refus de répondre;

8° L'heure précise de la clôture du procès-verbal afin de pouvoir compter exactement le délai de l'affirmation ;

9° La signature du garde ou du gendarme qui a verbalisé.

Les ratures, dans le cas où il y aurait lieu d'en faire, doivent être approuvées par l'énoncé, en marge, du nombre des mots nuls avec la signature de l'agent ou du garde.

Les gardes champêtres ne devront pas oublier que les procès-verbaux en matière de délits de chasse ne sont pas seulement des actes de police administrative, mais aussi des actes de police judiciaire. A ce dernier titre, ils doivent être soumis au procureur de la République de l'arrondissement dans le délai de trois jours, y compris celui dans lequel a été constaté le fait qui y a donné lieu. (Art. 20 du Code d'inst. crim.)

---

# MODÈLES DE PROCÈS-VERBAUX

## I

*Procès-verbal de chasse sans permis.*

Le . . . , nous trouvant au lieu dit . . . . . . sur le territoire de la commune de . . . , nous avons rencontré un individu qui chassait avec (indiquer l'arme ou l'instrument de chasse) et ayant avec lui un chien. Nous lui avons demandé de nous exhiber son permis de chasse, ce qu'il n'a pu faire ; sur notre demande il a déclaré se nommer. . . . , être âgé de . . . . et habiter . . . . ; nous lui avons, en conséquence, déclaré qu'il était en contravention à la loi et que nous en dresserions procès-verbal.

Clos et signé, le . . . . . . à . . . heure du . . . .

(*Ici la signature.*)

## II

*Procès-verbal en temps de chasse prohibé.*

Le (comme au n° 1) nous avons aperçu un individu armé d'un fusil et suivant un chien courant, qui était en pleine chasse; nous l'avons reconnu pour être le sieur . . . . . . , et nous lui avons déclaré que la chasse étant fermée à partir du . . . . par l'arrêté de M. le Préfet (le département), il était en contravention et que nous lui en dresserions procès-verbal.

Clos et signé,

---

## III

*Procès-verbal pour chasse sur terrain d'autrui.*

Le . . . . . . ayant aperçu un individu armé d'un fusil qui ramenait une pièce de gibier dans une pièce de terre appartenant au sieur . . . . . de la commune de . . . . . . . . , je lui ai déclaré qu'il n'était pas permis de chasser ainsi dans les propriétés d'autrui, et lui ayant demandé son permis de chasse, j'ai constaté qu'il se nommait . . . . . , habitant la commune de . . . . . . , et j'ai dressé contre lui le présent procès-verbal.

Clos et signé,

---

## IV

*Procès-verbal pour chasse en temps de neige.*

Le . . . . . . , nous trouvant dans la commune de . . . . . . , au lieu dit . . . . . . . . , nous avons aperçu un individu armé d'un fusil et accompagné d'un chien courant qui donnait de la voix à quelque distance de lui. Nous étant approché de lui, nous l'avons reconnu pour être le sieur . . . . . . , et nous lui avons déclaré que la chasse étant défendue en temps de neige, par arrêté de M. le Préfet en date du . . . . . , il était en contravention audit arrêté et que nous dresserions procès-verbal contre lui.

Clos et signé,

---

## V

*Procès-verbal à la suite de saisie d'armes ou d'engins.*

Le. . . . . . . , en tournée de surveillance dans la commune de. . . . . . . . , au lieu dit. . . . . . . . , nous avons surpris un individu qui était occupé à tendre des filets (gluaux, trappes ou autre engin prohibé) ; nous étant approché, nous avons reconnu le jeune. . . . . . . . , âgé de. . . . . . . , et nous lui avons déclaré que ses parents étaient responsables de la contravention qu'il venait de commettre, et, conformément à l'art. 16 de la loi du 3 mai 1844, nous avons saisi les filets pour les déposer au greffe du tribunal, et nous avons dressé le présent procès-verbal, que nous avons clos et signé.

---

## SECTION IV. — Dispositions générales.

### Art. 30.

(Abrogé le 4 septembre 1870.)

Les dispositions de la présente loi, relatives à l'exercice du droit de chasse, ne sont pas applicables aux propriétés de la couronne. Ceux qui commettraient des délits de chasse dans ces propriétés seront poursuivis et punis conformément aux sections II et III.

### Art. 31.

Le décret du 4 mai 1812 et la loi du 30 avril 1790 sont abrogés.

Sont et demeurent également abrogés *les lois, arrêtés, décrets et ordonnances intervenus* sur les matières réglées par la présente loi, *en tout ce qui est contraire à ses dispositions.*

La présente loi, discutée, délibérée et adoptée par la Chambre des Pairs et par celle des Députés, et sanctionnée par nous cejourd'hui, sera exécutée comme loi de l'État.

DONNONS EN MANDEMENT à nos Cours et Tribunaux, Préfets, Corps administratifs, et tous autres, que les présentes ils gardent et maintiennent, fassent garder, observer et maintenir, et, pour les rendre plus notoires à tous, ils les fassent publier et enregistrer partout où besoin sera ; et, afin que ce soit chose ferme et stable à toujours, nous y avons fait mettre notre sceau.

Fait au palais des Tuileries, le troisième jour du mois de mai, l'an 1844.

*Signé* LOUIS-PHILIPPE.

Par le Roi :

*Le Garde des sceaux de France, Ministre-Secrétaire d'État au département de la justice et des cultes,*

*Signé* N. MARTIN (du Nord).

Vu et scellé du grand sceau :

*Le Garde des sceaux de France, Ministre-Secré-*

*taire d'État au département de la justice et des cultes.*

*Signe* N. MARTIN (du Nord).

Pour copie conforme :

*Le Conseiller de préfecture, Secrétaire-Général,*

LEMONNIER.

---

## TITRE II

### JURISPRUDENCE

Les chasseurs ne sont pas moins intéressés que les agents de l'autorité à connaître les décisions judiciaires intervenues en matière de chasse, nous avons donc résumé d'une manière aussi succincte que possible, les arrêts qui sont un complément précieux pour l'interprétation du texte de la loi.

*La Cour de Cassation* a décidé qu'il y avait délit de chasse dans les cas suivants :

1° Pour avoir poursuivi le gibier sans permis, pour l'avoir attaqué avec des pierres, bâtons ou autres instruments. (Arrêt de la Cour de Cassation, du 26 novembre 1807.)

2° L'acte d'un chasseur qui, posté hors du terrain sur lequel il a le droit de chasser, fait poursuivre le gibier. (Arr. C., 26 septembre 1840.)

3° Le fait d'un individu qui, sans entrer dans la propriété d'autrui, tire sur du gibier qui s'y trouve. (Arr. C., 25 novembre 1828.)

4° Le fait de tirer, se trouvant sur le seuil d'une porte, sur des oiseaux voltigeant au dehors. (Arr. C., 24 septembre 1847.)

5° Le fait d'avoir regardé et laissé chasser des chiens dans un champ où la chasse est interdite, quoique le chasseur porteur d'un fusil se trouve sur un chemin voisin. (Arrêt de la Cour de Rouen, 17 juin 1831; arrêt de la C. C., 8 juillet 1845.)

*Délai de poursuite.* — En matière de délit de chasse, le jour de la constatation du délit est compris dans le délai de trois mois, pendant lequel l'action doit, à peine de prescription, être tentée contre le délinquant. (Arr. C. C. du 1er septembre 1831.)

Il y a délit lorsqu'un chien, même séparé de son maître, est trouvé chassant sur le terrain d'autrui. (Paris, août 1856. — Arrêt de la C., 1er septembre 1831.)

poursuite. (Arr. C., 6 mars 1846 ; 2 octobre 1846.)

*Fermier d'une chasse.* — Le droit de chasse affermé ou adjugé est personnel au fermier, en sorte que celui-ci ne peut le rétrocéder à des tiers, ni même leur accorder des permissions individuelles de chasse, alors surtout que le bail porte défense de cession. (Arr. C., 14 juillet 1848.)

*Clôture. — Arrêté préfectoral.* — L'arrêté préfectoral qui a déterminé la clôture de la chasse, à compter d'un jour fixé, doit être exécuté dès le jour indiqué. (Arr. C., 7 septembre 1833.)

*Dispenses de permis exceptionnelles.* — Si pour certains genres de chasse exigeant la coopération de plusieurs personnes, le porteur d'un permis de chasse peut se faire aider par des auxiliaires non pourvus de permis, c'est à la condition que ceux-ci se borneront réellement à des actes d'aide ou de surveillance. (Arr. Toulouse, 8 janvier 1846.)

*Temps prohibé.* — Le fait par un individu d'avoir, en temps prohibé, fait guetter son chien d'arrêt dans un champ, constitue le délit prévu et réprimé par l'art. 12 de la loi du 3 mai 1844, quand même il serait constaté que le prévenu était sans armes, et que son but unique était d'exercer son chien à poursuivre le gibier, et qu'aucune destruction ou tentative de destruction n'avait eu lieu. (Arr. C., novembre 1855.)

*Militaire. — Délit. — Compétence.* — Les délits de chasse, avec ou sans permis, doivent toujours être poursuivis devant les tribunaux correctionnels, alors même qu'ils auraient été commis par des *militaires.* (Arr. C., 10 octobre 1806.)

*Temps des Vendanges. — Arrêté du maire.* — L'arrêté pris par un maire, qui défend la chasse à une certaine distance des vignes, pendant les vendanges, afin de prévenir les accidents, est obligatoire pour les tribunaux de police. (Arr. C., 2 mai 1834; art. 471, n° 15, Code pénal.)

*Alouettes. — Oiseaux de passage.* — La chasse aux alouettes, à l'aide de miroir ou de ficelles auxquelles sont attachés des collets en crin, est prohibée comme les autres, si l'on n'est muni d'un permis de chasse. — L'article 1er de la loi du 3 mai 1844 ne distingue pas la chasse des oiseaux de passage des autres chasses, et l'on ne saurait, *dans aucun cas*, s'affranchir de l'obligation imposée aux chasseurs de se munir d'un permis. (Arr. C., 18 avril 1845.) — (Voir nos explications au sujet de l'article 1er de la loi.

*Lacs ou filets. — Oiseaux de pays.* — La chasse aux oiseaux de pays ne peut avoir lieu à l'aide de *filets*, *lacs*, *gluaux* et *appelants*. (Arr. C., 25 mars et 4 avril 1846, et 23 avril 1847). — La chasse aux oiseaux de passage avec appeaux et appelants, peut être autorisée par les préfets. (Arr. C., 16 juin 1848.)

*Instruments défendus.* — Lorsque la chasse est ouverte, elle peut avoir lieu à tir avec un miroir, mais non avec des instruments qui servent à prendre ou à tuer le gibier, tels que les trébuchets, les tournelles, les pantières, les panneaux, les sauterelles, les raquettes, les gluaux, etc. (Arr. C. de Grenoble, 2 janvier 1845.)

*Engins prohibés. — Gendarmes. — Perquisitions.* — Les gendarmes ne peuvent se livrer à une perquisition dans un domicile pour la recherche d'engins prohibés, qu'en vertu d'un mandat décerné par le juge d'instruction, à peine de nullité de leur procès-verbal ; une réquisition du procureur de la République n'est pas suffisante pour une semblable opération. (Arr. Rouen, 1er février 1845.)

*Chasse à tir. — Arrêté du maire.* — Est légal et obligatoire pour les tribunaux de simple police, l'arrêté municipal qui défend la chasse à tir et au fusil dans des chemins et sur des terrains voisins d'une ville et garnis d'habitations. (Arr. C., 12 juillet 1855.)

*Peines. — Récidive.* — La récidive, en matière de délit de chasse, a lieu lorsque le deuxième fait a été commis dans les douze premiers mois qui ont suivi la condamnation précédente. (Arr. C., 23 mars 1839). — Mais la circonstance qu'un prévenu de délit de chasse aurait précédemment été condamné à raison d'un délit commun, ne peut donner lieu contre lui à l'application des peines de la récidive. (Articles 14 et 15 de la loi du 3 mai 1844 ; 58, Code pénal ; Arr. C., 16 août 1811 ; 21 avril 1855.)

*Pigeons. — Arrêtés.* — Lorsqu'un arrêté administratif ordonne que les pigeons seront tenus renfermés durant un certain temps, les pigeons sont assimilés au gibier, et si je les trouve sur mon terrain, mangeant mes semailles, je puis les tuer, sans permis, au moyen du fusil, de même que tout autre animal nuisible.

S'ils ne causent aucun dommage actuel et que la clôture des colombiers soit ordonnée, le chasseur muni de son permis pourra les tirer dans les mêmes conditions que les lièvres et les perdrix. — Sans faire usage d'engins non autorisés par l'arrêté permanent. (Voir, dans ce sens, un arrêt de la Cour de Cassation, du 9 janvier 1868.)

Lorsque la fermeture des colombiers n'est pas ordonnée, et que les pigeons ne me causent aucun dommage, je m'exposerais, en les tuant, aux peines prononcées par l'article 479 du Code pénal; — et en m'en emparant pour les consommer, je pourrais être puni comme voleur — à moins que l'intention frauduleuse puisse être écartée.

---

# TITRE III

## DE LA LOUVETERIE.

### *Des chasses spéciales et des battues.*

La louveterie remonte à une époque très-reculée ; elle a été organisée dans le but de détruire les loups et les autres animaux nuisibles. Les lois et règlements qui la concernent n'ont point été abrogés par la loi du 3 mai 1844 ; c'est ce que M. Frank-Carré a expressément reconnu dans son rapport à la Chambre des pairs. Parmi les lois et règlements qui régissent cette matière, nous nous bornerons à mentionner : 1° l'arrêté du Directoire du 19 pluviôse an V, concernant la chasse des animaux nuisibles ; 2° la loi du 10 messidor an V, relative à la destruction des loups ; 3° le règlement du 20 août 1814, portant organisation de la louveterie, et 4°, pour l'exécution de ces diverses dispositions, l'instruction fort remarquable du ministre de l'intérieur en date du 9 juillet 1818, dont nous extrayons les principaux passages.

La destruction des loups a été l'objet de mesures générales qu'il est à propos de rappeler ici, ainsi que les divers moyens dont on fait usage pour opérer cette destruction.

Les mesures générales sont : 1° l'établissement des officiers de louveterie ; 2° celui des primes décernées à toute personne qui a tué un loup, suivant l'âge et le sexe de l'animal détruit ; 3° des chasses générales ou battues, ordonnées par MM. les préfets, sur les rapports qui leur sont faits.

Les moyens de destruction sont des chasses à courre et à tir, faites, soit isolément, soit en battues ; les piéges, traquenards, et dans quelques lieux l'empoisonnement.

## CHASSES GÉNÉRALES OU BATTUES

Le ministre de l'intérieur recommande aux préfets de se concerter avec les officiers de louveterie et de gendarmerie sur les moyens les plus efficaces de procéder à ces sortes de chasses.

D'après les ordonnances de 1600, de 1601 et de 1669, qui n'ont pas été abrogées, il était prescrit de faire des battues au loup tous les trois mois, et plus souvent encore, selon les besoins. En conséquence, les préfets sont légalement dans leur droit en ordonnant des chasses générales ou battues, et les habitants des commmunes qui seront désignés pour y assister devront se conformer à la convocation, que les maires devront leur remettre au nom des préfets.

*Piéges, traquenards, batteries, fosses, boulettes ou appâts empoisonnés.* — Dans aucuns cas, ils ne devront être disposés dans les chemins ou sentiers pratiqués. Le tribunal de Compiègne a condamné récemment un propriétaire pour avoir fait semer des boulettes empoisonnées dans ses bois, et avoir ainsi causé la mort de chiens de chasse ou de berger.

Le propriétaire a en vain invoqué l'arrêté préfectoral.

Attendu — dit le jugement — « que cet

arrêté autorise les possesseurs ou fermiers à employer les substances vénéneuses, mais uniquement pour détruire les loups et les renards, et à la condition sous-entendue de prendre les plus grandes précautions et notamment de se conformer à l'usage que la prudence a consacré, et qui consiste à ne tendre ces dangereux appâts (les boulettes empoisonnées) que la nuit seulement et à les faire retirer soigneusement le matin. Loin de se conformer à cet usage, le comte de Lupel a fait semer des boulettes pendant le jour, voulant comme il l'a déclaré lui-même, atteindre les chiens des chasseurs indélicats. — Le comte a ainsi volontairement causé un dommage à la propriété d'autrui et s'est rendu par là même, coupable de la contravention, prévue et punie par l'art. 479 du Code pénal. »

En conséquence, le comte de Lupel a été condamné à payer 11 fr. d'amende et aux dépens.

*Officier de louveterie.* — Ils sont nommés par le roi, aux termes d'une ordonnance du 14 septembre 1830. — Ces officiers n'étant dépositaires d'aucune portion de la puissance publique, ils peuvent être poursuivis sans l'autorisation du Conseil d'État, à raison des délits par eux commis, même en leur dite qualité. (Cassation, 13 juillet 1810, et 21 janvier 1837.)

*Chasse dans les forêts de l'État.* — Les lieutenants de louveterie, même autorisés par arrêté du préfet pris pour la destruction des loups, n'ont pas un droit absolu de chasse dans les forêts de l'État; si donc, malgré l'opposition de l'administration des forêts de l'État, ils chassent les loups dans une forêt de l'État, ils commettent le délit de chasse prévu dans l'article 11 de la loi du 3 mai 1844, et ils ne peuvent être affranchis de la pénalité que cet article édicte, sous prétexte qu'ils sont couverts par l'arrêté du préfet autorisant cette chasse.

(Cassation, sur le pourvoi de l'administration forestière, de l'arrêt de la Cour impériale de Rennes, chambre correctionnelle, du 13 février 1861, qui avait acquitté le sieur Duplessis, lieutenant de louveterie.)

*Bois des particuliers.* — Le concours des agents forestiers est également exigé pour chasser le sanglier dans les bois des particuliers si ces derniers n'ont point adhéré à ces chasses. (Cass., 30 juin 1841.)

Il en serait de même s'il s'agissait d'autre animaux classés comme nuisibles par l'arrêté préfectoral.

Remarquons que les propriétaires de bois et forêts, qui n'adhèrent pas aux chasses spéciales, y peuvent être contraints par l'arrêté spécial qui ordonne la battue, en vertu de l'arrêté du 19 pluviôse an V — cité plus haut et dont nous donnons, ci-après, les dispositions principales.

---

*Extrait de l'arrêté du* 19 *pluviôse an* V (7 février 1797) *concernant la destruction des animaux nuisibles.*

Le directoire éxécutif...etc...

Arrête :

ART. 1er — L'arrêté du 28 vendémiaire dernier, relatif à la prohibition de chasse dans les forêts nationales continuera d'être exécuté.

ART. 2 — Néanmoins il sera fait dans les

forêts nationales et *dans les campagnes*, tous les trois mois, et *plus souvent* s'il est nécessaire, des chasses et battues *générales* ou *particulières* aux loups, renards, blaireaux *et autres animaux* nuisibles.

Art. 3. — Les chasses et battues seront ordonnées par les administrations centrales des départements, de concert avec les agents forestiers de leur arrondissement, sur la demande de ces derniers et sur celles des administrations municipales.

Art. 4. — Les battues ordonnées seront exécutés sous la direction et la surveillance des agents forestiers, qui régleront, de concert avec les administrations municipales de canton, le jour où elles se feront et le nombre d'hommes qui y seront appelés.

Art. 5. — Les corps administratifs sont autorisés à permettre aux particuliers de leurs arrondissements qui ont des équipages et autres moyens pour ces chasses, de s'y livrer sous l'inspection et la surveillance des agents forestiers.

Nous croyons utile de reproduire également les circulaires du ministre de l'intérieur relatives à l'exercice du droit de destruction; elles ont pour but de tracer la limite dans laquelle doivent être maintenues les autorisations que les préfets sont appelés à accorder.

---

*Extrait d'une Circulaire du Ministre de l'Intérieur.*

Paris le 1er mars 1865.

Monsieur le Préfet, l'attention de l'administration a été appelée sur les abus auxquels donnent lieu des chasses ou battues qui ne sont pas suffisamment motivées et qui ont lieu à l'aide du fusil avec ou sans chiens.

L'article 9 de la loi du 3 mai 1844 permet au propriétaire, possesseur ou fermier, de détruire *sur ses terres* et par les moyens autorisés par l'arrêté réglementaire sur la police de la chasse dans chaque département, les espèces d'animaux malfaisants ou nuisibles désignés dans cet arrêté. Ce même article autorise également le propriétaire, possesseur ou fermier, à repousser et à détruire *même avec les armes à feu*, les bêtes fauves qui porteraient dommage à ses propriétés. D'un autre côté, l'arrêté du 19 pluviôse an V (7 février 1797) permet aux administrations départementales de prescrire des chasses ou des battues, lorsque la présence des loups ou autres animaux nuisibles est dangereuse pour les terres et les biens dans lesquels ces animaux se sont multipliés.

Le législateur a donc voulu, d'une part, réserver au propriétaire un droit de légitime défense, commandé par l'intérêt de l'agriculture et de sa propre sécurité; il a voulu, d'autre part, faciliter les moyens de destruction des animaux nuisibles répandus dans toute une contrée. Mais il ne faut pas perdre de vue les conditions que la loi a posées, afin d'éviter que le droit de destruction ne pût servir de prétexte pour chasser dans toutes les saisons, et c'est aux administrations départementales qu'il appartient de veiller à ce que l'esprit de la législation ne soit point faussé à cet égard.

---

*Extrait d'une Circulaire du Ministre de l'Intérieur.*

Paris le 11 Avril 1865.

Monsieur le Préfet, en vous recommandant de supprimer les autorisations permanentes ou temporaires qui auraient été concédées dans votre département, dans le but de détruire, au moyen du fusil, les animaux malfaisants ou nuisibles, l'administration a voulu seulement prévenir les abus auxquels donnait trop souvent lieu le droit de destruction, par les armes à feu, accordé d'une manière permanente ou pour une période de temps qui rendrait toute surveillance impossible à exercer. Mais elle n'a point entendu, surtout en ce qui concerne la destruction des lapins, enlever complétement aux Préfets la faculté d'autoriser l'emploi du fusil pendant un ou plusieurs jours successifs, du moment que la surveillance serait confiée à un agent de l'administration des forêts ou à tout autre agent de l'autorité.

Les permissions spéciales que vous croiriez devoir ainsi délivrer dans l'intérêt de l'agriculture pourraient même, lorsque la multiplicité des lapins vous aurait paru l'exiger, avoir une durée de huit jours et pourraient, en outre, être renouvelées si la nécessité vous en était démontrée.

Enfin, quant aux chasses spéciales ayant pour objet la destruction des gros animaux malfaisants ou nuisibles, il est recommandé que les officiers de louveterie en aient, autant que possible, la direction.

Il résulte, monsieur le Préfet, des explications qui précèdent, qu'en cessant d'user de la faculté d'autoriser la destruction *permanente* par le fusil, faculté qui a donné naissance à des abus, vous conservez néanmoins les moyens de satisfaire à toutes les demandes qui vous paraîtraient justifiées au point de vue des intérêts généraux ou particuliers.

---

## TITRE IV

### *De la responsabilité des propriétaires de bois ou forêts et des locataires de chasse, à raison des dommages causés aux cultures par le gibier.*

#### 1re Section. — *Des lapins.*

Nous avons vu que la loi sur la police de la chasse (art. 11) punit l'acte du chasseur sur le terrain d'autrui, sans le consentement du propriétaire. L'article 26 de cette loi en rappelant que la partie lésée pourra toujours user du droit conféré par l'article 182 du Code d'instruction criminelle (1), fait cette réserve que « dans le cas de chasse sur le terrain d'autrui, » sans le consentement du propriétaire, la « poursuite d'office ne pourra être exercé par « le ministère public, *sans une plainte* de la « partie intéressée, qu'autant que le délit aura « été commis dans un terrain clos, suivant les « termes de l'article 2 et attenant à une habita- » tion, ou sur des terres non encore dépouillées » de leurs fruits. »

La loi du 3 mai 1844, comme loi de police n'avait à statuer que sur les faits de chasse qualifiés *délits*; elle n'avait point à connaître des questions de dommages et de responsabi-

(1) Ce droit consiste dans la citation donnée directement au prévenu et aux personnes civilement responsables du délit par la partie civile.

lité ayant pour cause, non plus un fait de chasse, mais seulement la multiplicité du gibier. Il conviendra donc de demander au droit civil la solution des questions multiples que soulèvent les réclamations des propriétaires ou fermiers des cultures qui avoisinent les forêts ou les bois giboyeux.

L'article 5 de la loi du 25 mai 1838 porte :

« Les juges de paix connaissent, *sans appel*, « jusqu'à la valeur de cent francs, et à *charge* « *d'appel*, à quelque valeur que la demande » puisse s'élever :

« 1° Des actions pour dommages faits aux « champs, fruits et récoltes. »

Aux termes de l'article 4 du code de procédure civile : « La citation se fera devant le juge de paix de la situation de l'objet litigieux, lorsqu'il s'agira des actions pour dommages aux champs, fruits et récoltes. »

En règle générale c'est devant le tribunal de son domicile que le défendeur doit être cité et c'est un axiome de droit que le demandeur suit le tribunal du défendeur : *Actor sequitur forum rei*. La dérogation à ce principe, que l'article 3 a admise en matière de dommages aux champs a été motivée par l'intérêt même des parties. Le législateur a voulu éviter les frais de déplacement en confiant au juge de paix de la situation le soin de procéder aux vérifications que ces sortes de différends exigent presque toujours ; d'un autre côté on a pensé que ce magistrat, habitant le pays, serait mieux à portée d'apprécier la valeur des plaintes formées par les cultivateurs qui se prétendraient lésés.

Bien que le code de procédure ne limite aucun délai pour l'action à intenter à raison des dommages causés aux champs, le demandeur agira prudemment en faisant constater les dégâts aussitôt qu'ils se produisent. C'est pourquoi l'art. 6 du code de procédure autorise le juge de paix, dans les cas urgents à donner une cédule pour abréger les délais et permettre de citer même dans le jour et à l'heure indiqués.

Le meilleur guide en cette matière nous semble indiqué par l'examen des arrêts et jugements intervenus pour trancher les questions qui s'y rattachent. Nous nous bornerons donc à relever parmi les nombreuses décisions judiciaires, qui ont trait à notre sujet, celles qui nous paraîtront de nature à ne laisser aucun doute sur les principes qui les ont motivées.

---

### *Jugement du tribunal civil de Corbeil* (*du* 2 *Décembre* 1847)

EXTRAIT

Attendu que l'article 9 de la loi du 3 mai

1844 ne s'étant pas expliqué sur la question de savoir qui, du propriétaire possesseur ou fermier, serait responsable des dégâts occasionés par le défaut de destruction des animaux nuisibles, cette question tombe dans le domaine du juge et doit être décidée d'une manière conforme aux dispositions et à l'esprit de l'article 1383 du code civil.

Attendu que c'est naturellement au fermier qui exploite une propriété, que doit incomber *l'obligation* de détruire les animaux nuisibles, qui ne s'y multiplient que *par sa volonté* ou *par sa négligence.*

Attendu que le propriétaire *dessaisi par un bail* de l'administration de son bien, doit être déchargé de toute surveillance à cet égard, et par suite affranchi de toute responsabilité.

— Il s'agissait dans l'espèce d'une action intentée à l'administration de l'ancienne liste civile comme propriétaire de terres louées à Bonfils. La Cour de Cassation a confirmé le jugement du tribunal civil de Corbeil en ces termes :

(ARRÊT DU 4 MARS 1850.)

Attendu que l'action intentée par Bonfils, contre l'administration de l'ancienne liste civile a pour objet la réparation d'un préjudice qui lui aurait été porté par le fait de l'administration défenderesse ;

Attendu qu'il résulte des énonciations du jugement attaqué, que le préjudice dont se plaint Bonfils ne peut être attribué ni à la faute ni à la négligence de ladite administration ;

Que dès lors, en relaxant de la demande formé contre elle, le jugement attaqué n'a violé ni les articles 1382 et 1383 du Code civil, non plus qu'aucune loi *Rejette*.

— Ainsi que nous l'avons dit plus haut, et le jugement du tribunal civil de Corbeil le confirme dans son premier attendu, la loi sur la police de la chasse ne s'est pas prononcée sur la question de savoir qui, des propriétaires possesseurs, ou fermiers, serait responsable des dégâts occasionnés par le défaut de destruction des animaux nuisibles ; la solution de cette question rentre donc dans le domaine du juge, qui doit la chercher dans les règles posées par les articles 1382, 1383 et 1385 du Code civil qu'il nous paraît utile de rappeler ici.

ARTICLE 1382 : Tout fait quelconque de l'homme qui cause à autrui un dommage, oblige celui par la faute duquel il est arrivé à le réparer.

ARTICLE 1383 : Chacun est responsable du dommage qu'il a causé, non-seulement par son fait, mais encore par sa négligence ou par son imprudence.

ARTICLE 1385 : Le propriétaire d'un animal, ou celui qui s'en sert, pendant qu'il est à son usage, est responsable du dommage que l'animal a causé, soit que l'animal fût sous sa garde, soit qu'il fût égaré ou échappé.

— Nous verrons, en effet, en poursuivant l'examen des arrêts et jugements rendus, en cette matière les diverses applications de ces importants articles de la loi.

---

*Jugement du Tribunal civil de Rouen, du 10 mars* 1858.

(EXTRAIT.)

Attendu que celui dans le bois duquel il existe des lapins et des terriers qui leur servent de refuge doit les détruire ou permettre de les détruire, s'ils commettent des dommages aux propriétés voisines ; que leur destruction est à sa charge s'il les y a *placés, attirés ou conservés ;* que si, au contraire, ces animaux sauvages, qui ne lui appartiennent pas plus qu'il ne les a sous sa garde, se sont établis naturellement, par suite de l'instinct qui les porte à se réunir dans les lieux couverts, sans qu'il ait rien fait pour qu'ils se multiplient ou pour les conserver, la destruction est à la charge de celui qui éprouve le dommage, à la condition que le propriétaire du bois lui accordera le droit de pénétrer dans sa propriété et d'*user de tous les moyens de destruction*, tels que le furetage et le défoncement des terriers, moyen prescrit aux agents forestiers par l'ordonnance de 1669 et l'arrêt du Conseil du 21 janvier 1776 pour les forêts de l'État; que le propriétaire, qui, selon le cas, ne remplit pas son obligation, soit en détruisant lui-même, soit en autorisant à détruire *de la manière la plus étendue,* encourt la responsabilité de l'article 1383 du Code civil.

Qu'en fait, de Stabenrath, propriétaire du bois voisin d'une ferme occupée par Hallot, fut prévenu par celui-ci que les lapins qui se trouvaient dans son bois causaient des dommages à ses récoltes ; que Stabenrath lui répondit qu'il ne chassait pas, qu'il avait un garde pour la conservation de ses bois et non pour celle du gibier ; qu'il lui avait déjà ordonné de détruire les lapins et qu'il autorisait le sieur Hallot *à les tuer tous;* qu'il n'a rien été allégué qui puisse faire douter de la vérité des assertions de Stabenrath ; *qu'il n'était donc pas obligé de détruire tes lapins qu'il ne faisait pas conserver et qui s'étaient mulpliés malgré lui;* qu'il lui suffisait d'accorder à Hallot l'autorisation de les détruire ;

Par ces motifs, décharge de Stabenrath des condamnations prononcées contre lui...

Le voisinage d'une forêt ou d'un bois constitue une servitude naturelle pour les biens des cultivateurs riverains.

Les arbres de la forêt priveront de soleil une portion de leurs champs; les bêtes sauvages, que leur instinct poussent vers les bois, feront des excursions dans les cultures qui peuvent leur convenir. Le propriétaire de la forêt ne peut être responsable de ces résultats inhérents à la nature, et le cultivateur devra en tenir compte en choisissant, autant que possible, des produits qui n'exigent point une grande chaleur, pour la portion de ses champs qui se trouvent sur la zone abritée par les arbres et en évitant aussi de semer les plantes qui attirent essentiellement les lapins lorsqu'ils cultivent à la lisière d'un bois.

Le juge tiendra évidemment compte de l'imprévoyance du cultivateur dans l'appréciation de l'indemnité que celui-ci réclamerait par suite des dommages que les lapins du bois voisin auraient causés à ses cultures.

Dans l'espèce, Hallot pouvait détruire les lapins par tous les moyens; il pouvait recourir à des battues en y invitant des voisins pendant l'ouverture de la chasse et les continuer, même après la clôture de la chasse, en se pourvoyant préalablement d'une permission spéciale auprès du préfet ou du sous-préfet. Enfin si la multiplicité des lapins dans les bois de Stabenrath devenait un véritable fléau pour les cultures voisines, le préfet édifié sur la portée des plaintes qui se seraient produites à ce sujet, aurait certainement non-seulement permis, mais ordonné des battues régulièrement conduites, pour remédier à cet état de choses et, dans ce cas, Stabenrath qui n'est point chasseur aurait été mis en demeure par l'arrêté préfectoral de concourir soit de lui-même, soit par son garde à la battue dûment ordonnée.

---

## *Arrêt de la Cour de cassation*, *du* 19 *juillet* 1859.

(EXTRAIT.)

Attendu que l'article 1385 du Code civil ne peut s'appliquer à la réparation du dommage causé *par le gibier* en général, puisque le gibier, par *sa nature sauvage*, ne peut être considéré comme étant en la possession ou sous la garde du propriétaire du domaine où il se trouve, et qu'en le décidant ainsi le jugement attaqué n'a pas violé ledit article;

Attendu, quant à la violation des articles 1382 et 1383 du même Code, que la responsabilité prévue par ces articles ne peut être prononcée qu'autant que le dommage, objet de la plainte, a été causé *par le fait* de *la négligence ou* de *l'imprudence de celui* qui *en est réputé l'auteur ;*

Que le jugement attaqué déclare, au contraire, que, loin d'avoir entretenu du gibier sur leur domaine et favorisé sa multiplication, les époux de Lyonne ont, par des chasses et des battues fréquentes, fait ce qui dépendait d'eux pour détruire, éloigner et disperser le gibier existant sur leurs terres et dans leurs bois et pouvant nuire aux propriétés voisines ;

Que, dès lors, cette déclaration, qui rentrait dans le pouvoir souverain des juges du fait, justifie, en l'absence de toute faute constatée, le refus soit de dommages-intérêts, soit même d'expertise, puisque les juges avaient des éléments suffisants d'appréciation.

Attendu que, si le bailleur est tenu de faire jouir paisiblement le preneur de la chose louée pendant la durée du bail, et que si, par conséquent, il doit être tenu de le garantir des préjudices que le gibier existant sur son domaine pourrait lui occasionner, cette obligation doit être renfermée *dans les limites du droit commun*, et pour le cas seulement où ce préjudice serait causé par son fait ; mais que du moment où il est décidé, par les motifs ci-dessus, qu'aucune faute n'est imputable aux défenseurs éventuels, Chereau et Michoux ne peuvent réclamer, comme fermiers des défendeurs, la réparation d'un préjudice *qui ne provient pas de leur fait*.

Rejette.

---

Il résulte de ce jugement, très-fortement motivé, que les lapins sont considérés comme un gibier ordinaire dès qu'ils n'ont point été *attirés* où *introduits* dans un bois, et qu'il est établi, par conséquent qu'il n'a point été formé de garenne soit fermée soit ouverte pour les y retenir. Ces lapins n'appartiennent pas au propriétaire du bois et on ne saurait appliquer à ce dernier la responsabilité édictée par l'article 1385 du code civil, concernant les dommages causés par un animal *dont le propriétaire ou celui qui s'en sert* a négligé de le surveiller ou de le faire surveiller.

En effet aux termes des articles 524 et 564 du code civil, les lapins ne deviennent une propriété que lorsqu'ils se trouvent dans une garenne, c'est-à-dire dans un lieu ménagé par le propriétaire d'un bois pour recevoir et faire multiplier ces animaux. Dans ce cas le lapin perd sa qualité de *res nullius* et celui qui le prendrait dans une garenne commettrait un vol, aussi bien que celui qui prendrait des poissons dans un étang, où ils auraient été mis par le propriétaire.

Lorsque, au contraire, c'est le seul instinct des lapins qui les rassemble dans mon bois, que je ne fais rien pour les y maintenir, qu'on ne peut en un mot m'imputer un fait personnel qui ait concouru à la propagation de ces animaux; il n'y a ni faute ni négligence de ma part et par conséquent je ne saurais être responsable du dommage causé aux propriétés voisines par ce gibier, pas plus que du dommage que leur causeraient des corbeaux ou des pigeons ramiers qui se seraient cantonnés dans mes propriétés.

---

## *Jugement de la Justice de paix du canton de Gonesse, août* 1856.

(EXTRAIT.)

Attendu qu'il a été établi, lors de la visite des lieux litigieux : 1° que les bois des défendeurs ne sont point constitués en garenne, qu'ils sont, au contraire, *ouverts* d chaque côté, et par conséquent accessibl en tout temps aux lapins comme à tout ani mal destructeur; 2° qu'un dommage a ét réellement causé aux récoltes des deman deurs;

Qu'en tout cas il n'est nullement étab que les défendeurs aient *attiré* ou *introdu* des lapins dans leurs bois, ni qu'ils aier *négligé* ou *empêché* de détruire ceux qu peuvent s'y trouver.

Attendu, au contraire, qu'il résulte de l contre-enquête que, pour détruire les la pins, les défendeurs ont fait tout ce qui étai en leur pouvoir, soit en chassant et fure tant trois fois par semaine, pendant l'ou verture de la chasse, soit en défonçant le terriers, soit en faisant *des battues*, à grand frais, *après l'ouverture de la chasse*.

Attendu que si, malgré toutes les précau tions prises par les défendeurs, les dom mages dont se plaignent les demandeur existent encore, ces dommages ne sont qu la conséquence fâcheuse et malheureuse d l'impossibilité matérielle de détruire tou les lapins que recèlent les bois dont il s'agit mme tous les bois dans lesquels l'*instinct* ces animaux les rassemble même *contre gré des propriétaires.*

Attendu que de tout ce qui précède, il sulte qu'il n'y a *ni faute ni négligence* à imuter aux défendeurs, et que, par suite, ils peuvent être tenus de réparer le dommage dont est plainte;

Vu les articles 1382 et suivants du Code apoléon, le Tribunal déclare les demaneurs non recevables et mal fondés dans ur demande, les en déboute et les conamne aux dépens.

---

*rrêt de la Cour de cassation, du 7 mars* 1849.

Attendu que le jugement attaqué contate: 1° que les bois du sieur Clary coniennent de nombreux lapins dits buissoniers, qui y ont des abris permanents dans les buissons, des broussailles, des herbages ongs et touffus *ménagés par le propriétaire* pour les y attirer; 2° que des lapins ont dévasté les récoltes du sieur Paillet; 3° que le sieur Clary, au lieu de détruire ces lap ou de donner la permission de les détrui *en favoise la multiplication*, pour se livrer plaisir de la chasse.

Que, dans ces circonstances, le tribu de Corbeil, en condamnant le sieur Clar réparer le dommage occasionné par les l pins *attirés* et *retenus* dans ses bois, loin violer l'article 1385 du Code civil, en a fa au contraire, une juste et exacte applic tion.

Confirme.

---

Il nous semble que, dans l'espèce, c'est pl tôt l'article 1383 qui devrait être visé que l'a ticle 1385, car le fait d'avoir entretenu *des bu sons* et des *broussailles* dans mon bois ne n constitue pas pour cela *propriétaire* du gibi qui vient s'y établir, — et celui qui tuerait c prendrait un lapin dans ce bois *ouvert* pourra se rendre coupable de délit de chasse sur terrain d'autrui, sans le consentement du pr priétaire, mais il ne saurait être poursui comme voleur.

Quoi qu'il en soit la responsabilité du pr priétaire est fondée sur ce fait *qu'il a favori la multiplication des lapins* et qu'il a omis de l détruire ou de les faire détruire.

*Jugement du Tribunal civil de Corbeil, du 12 février* 1864.

Attendu que s'il est de principe que tout propriétaire et fermier doivent supporter, *comme conséquence du voisinage*, les dommages causés à leurs récoltes par le gibier des bois et forêts, cette charge ne peut s'entendre que des dommages causés par le gibier *qui peuple naturellement* les bois et forêts, et non par celui qu'on y aurait introduit *pour les plaisirs de la chasse ;*

Que même, à l'égard du gibier qui s'y trouve naturellement, le propriétaire desdits bois et forêts est tenu d'en empêcher la multiplication en faisant détruire les terriers, ainsi que les ronces et genêts où ce gibier trouve un tranquille refuge ;

Que cette obligation résulte de la nature même de sa propriété et du principe que la jouissance des droits attachés à la propriété doit s'exercer de manière à ne pas porter préjudice à autrui ;

Attendu qu'il résulte du rapport des experts et de la visite des lieux par le premier juge, qu'il existe, dans la partie des bois du prince de Wagram, qui avoisine les pièces de terre du sieur Godbert, des terriers et de nombreux buissons où se réfugient des lapins; qu'ainsi le dommage constaté est pour la majeure partie imputable à la négligence du prince de Wagram.

Adoptant les motifs des premiers juges,

Confirme.

---

Il est évident qu'en introduisant du gibier dans son domaine *pour le plaisir de la chasse* on devient par cela même responsable des dommages que causent ces animaux aux cultures voisines de ce domaine. Ici la servitude naturelle qui résulte du voisinage d'un bois a été aggravée par le fait du propriétaire de ce bois et il est de toute justice qu'il en subisse les conséquences en dédommageant ses riverains.

---

## DEUXIÈME SECTION.

## *Des dommages causés par les cerfs, les biches, les chevreuils et les sangliers.*

---

*Arrêt*

*de la Cour de cassation du 4 décembre* 1867.

Vu les articles 1382 et 1383 du Code civil :

Attendu que le jugement attaqué pour appliquer aux demandeurs lesdits articles s'est uniquement fondé sur ce « que le dommage a été causé par les biches, cerfs et chevreuils résidant habituellement sur sa propriété ; qu'il ne fait pas chasser et ne chasse pas lui-même sur ladite propriété, et qu'ainsi il maintient ces animaux chez lui ; »

Attendu que le demandeur, aux termes des articles ci-dessus visés, ne pourrait être responsable de dommages causés à ses voisins par les cerfs, biches et chevreuils, *animaux sauvages* existant dans ses bois, qu'autant que ces dommages proviendraient d'une faute à lui imputable et résultant de son fait, de sa négligence ou de son imprudence ;

Attendu que le jugement attaqué ne constate pas que, *par son fait*, le demandeur ait attiré les animaux ou les ait retenus, ou en ait favorisé la multiplication ; qu'il n'est pas constaté non plus que le demandeur ait commis la faute de laisser ces animaux se multiplier jusqu'à devenir nuisibles aux voisins, et ce, en refusant à ceux-ci, soit de les détruire lui-même, soit d'en permettre la destruction ; que, dans les circonstances, le seul fait pour le demandeur de n'avoir pas chassé ou fait chasser ne peut *le constituer en faute* ;

Que le jugement attaqué a donc faussement appliqué et par suite violé les articles 1382 et 1383 ci-dessus visés, — Casse, etc.

---

*Jugement du Tribunal civil de Tours, du 17 décembre* 1861.

EXTRAIT :

Attendu qu'il est de principe que, pour être responsable d'un dommage, il faut l'avoir causé par sa faute, sa négligence ou son imprudence (articles 1382 et 1383 du Code civil), et qu'il ne s'agit ici en aucune façon du dommage causé par un animal placé dans les conditions dont parle l'article 1385 ;

Attendu que l'habitation soit accidentelle, soit habituelle, d'une forêt par des animaux sauvages qui y sont attirés par le seul effet de leur instinct, *sans que le propriétaire ait rien fait pour les attirer, les y retenir, les y multiplier*, est un cas fortuit, *un fléau naturel*, tout à fait indépendant de la volonté et du fait de l'homme ;

Attendu que, dans de telles circonstances, le propriétaire ou le fermier n'étant pas la cause immédiate, ni même occasionnelle de la retraite de ces animaux dans la forêt, en principe il ne saurait être, par le seul fait de cette retraite, responsable des dégâts que ces animaux font aux récoltes des propriétés voisines ;

Attendu que, s'il est de jurisprudence que le propriétaire est responsable des dégâts occasionnés par les lapins, *par la raison que le lapin est un animal très-casanier*, cette doctrine ne saurait s'appliquer aux cerfs, biches. chevreuils, loups et sangliers, tous animaux nomades et seuls animaux auxquels Chrétien attribue les dommages dont il aurait à souffrir ;

Attendu que, de tout ce qui précède, il résulte qu'Archdéacon ne saurait être responsable du dommage causé aux récoltes de Chrétien par les biches, cerfs, loups, sangliers ou chevreuils qui peuvent se trouver dans la forêt d'Amboise, Chrétien n'ayant en aucune façon établi qu'Archdéacon aurait pratiqué des manœuvres quelconques pour fixer ou multiplier dans cette forêt les animaux qui auraient pu s'y réfugier accidentellement ou par leur seul instinct,

Infirme.

---

*Arrêt de la Cour de Cass., du* 15 *janvier* 1872.

Attendu que l'amodiataire de la chasse dans un bois n'est pas responsable de plein droit du dommage causé aux propriétés voisines *par le grand gibier qui l'habite* ou qui s'y rassemble, et qu'il ne peut être recherché à cet égard que s'il y a eu de sa part faute, négligence ou imprudence, dans le sens des articles 1382 et 1383 du Code civil ;

Attendu qu'il est constaté, en fait, par le jugement attaqué que, si les défendeurs éventuels, amodiataires du droit de chasse dans la forêt d'Halatte, ont fait garder leur chasse, ils n'avaient pas, néanmoins, permis au gibier de se multiplier outre mesure; que, en l'année 1867 et en 1868, les destructions d'animaux ont eu lieu continuellement; qu'en 1868, année du dégât dont la réparation est demandée, des battues ont été répétées pendant tout le temps de la chasse et qu'elles ont eu pour résultat la destruction d'un aussi grand nombre d'animaux que possible; qu'ainsi les défendeurs éventuels *ont fait ce qu'ils* pouvaient pour la destruction des cerfs et des biches, lesquels, d'ailleurs, sont peu nombreux dans la forêt d'Halatte et viennent surtout des forêts voisines;

Attendu que, dans ces circonstances, en refusant de rendre les défendeurs éventuels responsables des dommages causés par le gibier aux propriétés des demandeurs, le jugement attaqué n'a violé aucun des articles visés par le pourvoi et n'a fait qu'une juste application des articles 1382 et 1383 du Code civil; — Rejette :

— Nous avons en effet déjà constaté qu'aux termes des articles 1382 et 1383 du code civil, il faut qu'il y ait un fait quelconque de l'homme ou une négligence ou une imprudence qui ait causé à autrui un dommage, pour constituer sa responsabilité et donner droit à indemnité à celui qui a à se plaindre du dommage causé. Or, dans l'espèce le propriétaire du bois n'a rien fait pour attirer, retenir ou faire multiplier les animaux que *leur instinct seul* a conduits dans son domaine; on ne devait donc pas le rendre responsable par application des articles précités.

Aucune loi ne l'obligeait à se livrer au plaisir de la chasse ou à détruire des animaux essentiellement nomades et qui, par conséquent, ne lui appartiennent pas. C'est du reste ce que la loi du 3 mai 1844 consacre par son article 9, en permettant au propriétaire possesseur ou fermier de *repousser ou de détruire, même avec des armes à feu les bêtes fauves qui porteraient dommages à ses propriétés.*

Cette décision, comme la précédente, invoque ce principe que, pour être responsable d'un dommage, il faut l'avoir *causé* par sa faute sa négligence ou son imprudence.

On ne peut pas en effet être plus responsable de la présence accidentelle ou habituelle des animaux sauvages et nomades de leur nature, qu'on ne saurait être responsable de la crue accidentelle ou périodique d'un ruisseau qui borderait ou traverserait une propriété et dont le débordement causerait des dommages aux cultures voisines.

Il en est autrement *des lapins* parce qu'ils se fixent et se multiplient dans certains bois, d'où ils se répandent ensuite sur les cultures voisines. Ici la mise en demeure d'avoir à les détruire, si elle n'était pas suivie d'effet, entraînerait la responsabilité du propriétaire du bois, qui leur sert de réserve naturelle.

C'est ici, comme dans les précédentes décisions une application raisonnée des articles 1382 et 1383 du Code civil.

Quelque respectables que soient les intérêts de l'agriculture on ne peut leur sacrifier les droits des amodiataires de chasse et des propriétaires de bois et de forêts lorsque d'ailleurs, ces derniers s'efforcent de réduire autant que possible le nombre des animaux sauvages, dont la présence leur est signalée comme un danger pour les cultures environnantes.

On ne doit pas perdre de vue, je le répète, que la loi sur la police de la chasse autorise le propriétaire possesseur ou fermier à détruire en tout temps *sur ses terres* les animaux malfaisants et nuisibles désignés dans l'arrêté préfectoral qui réglemente l'exercice de la chasse dans chaque département, outre qu'elle lui permet de repousser et de détruire, *même avec des armes à feu*, les bêtes fauves qui porteraient dommage à ses propriétés. Cette dernière faculté est entière et ne dépend aucunement des dispositions de l'arrêté préfectoral, qui n'a point besoin d'être consulté pour en user.

FIN

# TABLE DES MATIÈRES

F. Aureau. — Imp. de Lagny.

F. Aureau. — Imprimerie de Lagny.

www.ingramcontent.com/pod-product-compliance
Ingram Content Group UK Ltd.
Pitfield, Milton Keynes, MK11 3LW, UK
UKHW021105200726
13857UKWH00003B/1103

9 782013 027250